甦る学校

イデアと理論と実践と

村内一誠

Issei Murauchi

文芸社

目次

第二部　教科指導の仕方

はじめに

孫は高校二年生。将来、学校の先生になりたいそうです。

その孫に教師としてのノウハウを教えたくてペンを執りました。

教師を目指す若者や現場の教師がこの書から教育の在り方を学び、充実した人生を送っていただければこの上ない喜びです。

クラスの子どもたちが、生き生きとした学校生活を送り、実りある日々を過ごすようにするにはどんな方法があるのか？　本書は一人の教師が、三十六年間子どもに寄り添い、子どもの側に立って歩いた自由気ままな古き良き時代の足跡ですから。


一九九二年、スペインのバルセロナで行われたオリンピック女子二百メートル平泳ぎで、中学生の岩崎恭子さんが優勝しました。全く誰も予想だにしなかった快挙でした。優勝インタビューでの彼女の言葉が「今まで生きてた中で、いちばん幸せです」であり、それを聞いた日本国民はドッと歓声を上げました。

快挙の後、前回のソウルオリンピック背泳ぎで優勝した鈴木大地君とのテレビ対談がありました。何気なく見ていた私は、思わずテレビに目を釘付けにされてしまいました。

鈴木「もう水掻きはできましたか？」

岩崎「できましたよ、ほら」

わずかそれだけの場面でした。恭子さんが差し出して広げた両の手の平を見て、私は、アッ！　と驚きました。指を広げた間に薄い透き通ったような膜が張り出して水掻きのようになっていたのです。

幼い頃から水泳を始め、一生懸命に泳いだ。毎日水と戯れ、速くなろうと頑張った。その一念が、身体全体を造り替えたのだ。首から胸、腰、足先までがイルカのように滑らかで力強い曲線になり、全体の動きも柔らかく水をとらえ、水に乗って進んでいく――。水泳選手のその美しい身体と泳ぎには見とれていたのですが、手の平にまでこんな変化をきたしていたとは驚きでした。

これはもう進化と同じです。いや、先祖返りかもしれません。いずれにしろ、ヒトの身体はその暮らし方によって変わってしまうのです。これは身体だけではありません。その能力も、もちろん変わるに違いありません。

「ヒトの能力は、その環境や暮らし方によって形作られていく」

この認識が、私のその後の教育実践に大きな影響を与えることになります。子どもの育つ環境がいかに大切か。どんな生育歴を持っているか。どんな言葉の中で、どんな感じ方、考え方を持った人たちの中で育ってきたのか。環境に恵まれなかったために発達が遅れている子もいるに違いありません。私は、どんなに「デキの悪い子」もあきらめなくなりました。

四十歳の頃、同和教育の推進教員の務めを二年間果たし、その後は被差別状況にある子どもを大切に指導に当たってきたつもりでした。しかし今考えると、どこかにあきらめがあったように思います。そんな子への接し方が甘かったように思います。子どもに対する姿勢が変化すると、低学力の子ばかりでなく、問題行動、不登校の子などに対しても温かみのある接し方ができるようになりました。一人ひとりを大切にした実践の仕方を考えるようになりました。

「人生の目的は、その過程にある」と言ったのは、アメリカの哲学者であり教育学者・社会思想家でもあったジョン・デューイです。武者小路実篤や下村湖人などの理想主義者たちは、人生の目的を遠くに設定し、理想的な人間としての姿「荘厳で円満なる相」を心に描いてその理想像に向かって生きていくのが人生の目的であると言っています。しかし、その理想主義者たちの言うような生活を追い求めた結果がどうなるか？　ジャン＝ジャック・ルソーはその著『エミール』の中で次のように言っています。

「老人は青年より命を惜しがる。彼らは人生を愉しむための準備にそれまでの月日を費やしてしまったのだから、死にたくないのだ。六十歳になってもまだ生活を始めないのだから死ぬのは残念で仕方がないのだ」

理想主義者たちの言う生活を送ったら、ルソーの言うようなむなしい人生となることでしょう。デューイの言葉のように、毎日毎日を充実させ、精一杯生きる。その過程を大切にした生き方の積み重ねが、その人の人生となるのです。

私はデューイにあやかって「教育の目的は、その過程にある」と思っています。言い換えるなら、

「教育は、毎日毎日の具体的な実践活動を充実させることによって達成される」

ということです。学級担任の場合、朝登校してから帰るまでの間に子どもたちにどんな

活動をさせられるか？　毎日の具体的な学級活動・係活動をどれだけ、しかも継続的に行わせることができるか？　その質と量が、子どもを変えるのです。したがって、どんな活動をどれだけ学級運営の中に採り入れることができるのかが、その担任の力量だと言っても過言ではないでしょう。クラスの子どもたちが自主的に生き生きと活動し、充実感を持てるような学級経営でなければなりません。

こんな活動のやらせ方を知らない担任のクラスは、毎日の生活に張りがないから、まとまりも活気もなく、子どもたちは勝手気ままなことをやり始めます。すなわち、荒れたクラスとなっていくのです。担任として何もやっていないのにそのクラスが荒れないのは、たまたま子どもたちがいいからに過ぎません。子どもがいいのは、親がいい親であり子どもを取り巻く環境が良いからに過ぎません。

学生時代に習ったデューイのもう一つの言葉が思い出されます。

それは、「植物は培養によって育ち、ヒトは教育によって人となる」という言葉です。たとえ人の子として生まれても、教育を受けなければ人間にはなれません。その一つの例が狼少女アマラとカマラでしょう。その教育にも、環境による教育と学校による教育があります。親の子どもへの接し方、子どもを取り巻く地域の環境も大切です。

しかし、現実は理想的な親、理想的な環境ばかりではありません。殊に最近はその両方とも良くありません。そんな社会の中でも力量のある教師は意図的、計画的に活動の場を子どもたちへ与え、人間らしい人を育てています。こんな世の中になったから、ますます教育の果たす役割が大きくなっているのです。

私は、一日一日を大切にするために、学校内ばかりでなく家へ帰ってからの生活の仕方も指導するようにしていました。年度当初に行われる家庭訪問では、学力と家庭学習の関連を説明し、毎日の家庭生活の様子を記録した「生活カード」では、赤ペンでコメントしました。毎日放課後に日直日誌を持ってきた子どもとは、じっくり話し合うことができました。担任として子どもたち一人ひとりの毎日の生活を把握し、子どもの心を捉え、一人ひとりが充実した生活を送れるように気を配りました。

デューイの言葉が、私の教育の根本でした。教育の力を信じ、具体的で継続的な活動の場を子どもへ与えるように心がけました。私の教師生活は、デューイ理論の実践でした。実践化を目指して頑張りました。

今の学校は荒れていると言われます。しかし、「荒れている」と言う時、子どもの側だけしか問題にされません。表面に表れた子どもの行動だけを見てそう言われることが多いのです。

昔の子どもは本当に素直で、従順でした。今のように自由勝手な行動はしませんでした。家の中では父親の存在が大きく、儒教的な価値観もまだ残っていました。目上の者に対する礼儀も重んじられていました。そんな中での教師という職業は本当に楽なものです。ところが、現在の家庭は、全く変わってしまっています。その上、子どもたちを取り巻く周りの状況もすっかり変わってしまっています。

世の中がすっかり変わったのに、教師や親の子どもを見る目「子ども観」は以前のままです。だから、今の子どもたちに応じた接し方や指導ができません。そこに「荒れ」への対応ができない原因があるのです。

世の中の変化に応じた子育てや指導法の変革が、親や教師に求められています。

「子どもをどう観るか」——その児童・生徒観の変革は、特に教師に求められています。教師が、子どもも一人の人間として、自分たち大人と同じ人格を持った者として接することができるか？　自分は教師だという思い上がりはないか？　教師自身を求道者として位置づけ、子どもと共に考え、一緒に道を探す姿勢を持っているか？　そんな「教師としてあるべき姿」も考えてみたいものです。

次に、教師としての「ＨＯＷ　ＴＯ」を考えねばなりません。教師が学級担任として、あるいは教科担任としてどのようなやり方をしているか？　どんな工夫をしたらよいのか？　私が担任として、国語教師として、あるいはその他の教科を教える時にどんな方法で、どんな点に注意してやってきたのかも紹介したいと思います。

キリスト教の国では、毎週日曜の礼拝があり、子どもの頃から人間としての生き方が説かれています。しかし、日本にはそのような宗教はありません。だから、日本の教師は宗教家の代弁者として「人間としての生き方」も教えねばならないでしょう。人間としてのものの見方、考え方、生き方についても考えさせる姿勢で接しなければならぬと思うのです。

私は、一九九七年三月末に定年退職しました。退職年度には中学三年生の担任であり、受け持ちの子どもたちと一緒の教師卒業でした。

その子どもたちが二十歳になった時、成人式に招かれ、講話を依頼されました。中学時代によく話していたデューイの言葉と読書の大切さ、それに「こんな大人に、私はなりたい」という自作の詩を贈りました。キリストの博愛精神と孔子の「耳順《じじゅん》」を一緒にしたような内容の詩です。二千年、二千五百年前の、しかもヨーロッパとアジアという時間的にも空間的にも全く異なったところで生きたこの二人の聖人は、図らずも同じ境地に到達していたようです。成人式の時、贈った詩を紹介します。

こんな大人に、私はなりたい

それぞれの人が、それぞれの生き方をし
それぞれの価値観を持ち
妬み、悪口を言い
他人を傷つけ、怒らせ
いわれのない中傷をする
そんな
とんでもない心を持っている人がいても
それを許し、許容し
人の心の貧しさを
人の心の哀れさを

心から悲しむ
広い心で人々と接し
全ての人々を愛することができる

右の頬を殴られたら
左の頬を差し出し
博愛の心の何たるかを
自分に問いながら
相手へも問わせながら
生きる基を探し続ける

どんなことを言われても
理不尽なことを言われても
それが
すんなりと耳に入り

坂本中学校卒業生の成人式

うんうんとうなずきながら聞ける
そんな大人に
私はなりたい

いろいろな子どもがクラスの中にはいます。しかし、教師はそれぞれの子どもが持っている良いところも悪いところも認めながら、子どもたちと一緒に根気強く人の道を求めて歩かねばなりません。そんな教師としての私の姿を見てきた子どもたちに私の心情を知ってもらいたかったこともありますが、博愛精神を持って人生を送ってもらいたいという願いもありました。

私の教師生活で最も充実していたのは、八代郡にある鏡中学校での八年間と生まれ故郷坂本中学校での六年間だったでしょう。最初に、この二校での実践を述べたいと思います。その後、初任の天草から始まった私の教師生活で心に残っている出来事をまとめたいと思います。

第二部で教科指導についても触れています。私の専門の国語科には、どんな指導の仕方があるのか、指導の事例も挙げました。家庭でどんな勉強をすればよいのかも具体的に書いています。

教師は一年目、二年目は無我夢中、三年目から計画的に教育できるようになると言われています。私の場合、二十二年間は無我夢中、最後の十四年間だけは計画的に教育できたと思っています。いや、計画的にと言うよりも、自然体のままで状況に応じた教育ができるようになったと言った方がよいでしょう。確固とした児童生徒観、人生観がその基になっていたことは言うまでもありません。基本的人権を底流に、その時その時を大切にし、大切にさせる実践ができたと思うのです。

第一部　教師として

Ⅰ　生徒の心が穏やかに
鏡中学校での実践

初任の熊本県天草郡を皮切りに、人吉球磨《くま》管内と合わせて十年間異郷の地で勤めた後、生まれ故郷の八代へ帰りました。最初は、郷里の中津道小学校の分校でした。そこで六年間過ごし、現在住んでいる氷川町の氷川中学校へ異動しました。

六年間勤めた氷川中から隣町の鏡中学校へ転任することになりました。異動前に鏡中の先生から、

「鏡中は大変だ。空き時間には、シンナー吸引者や放浪の子を捜しに出かけている」

と聞いていましたので、少し不安もありました。しかし、自分のクラスだけは大丈夫だろうと思っていました。なぜなら、学級会活動や係活動をきちんとやり、一人ひとりの子どもを大切にした学級運営をやっていけば、荒れる子は出てこないだろうと確信していたからです。

三階建ての校舎は一階が二年生、二階が三年生、一年生は三階の教室でした。全部で十

鏡中学校時代の職員写真（筆者は前列左端）

九学級ありました。私は、横長く並んで配置されている教室の中で、いちばん端っこの教室が好きです。他の学級の影響が少なく、学級独自の活動ができるからです。幸いにも、一年生六学級の中の一組担任となりました。いちばん東の端にありました。

一学期も半ばを過ぎると、そのクラス独自の雰囲気が現れます。生徒たちは自分の係活動も大体やれるようになり、毎日の生活にも余裕が出てきます。長学活の前に開く「学級運営委員会」の活動にも慣れ、学級の話し合いも活発に行えるようになってきます。

そんな五月末、学級運営委員会で「掃除」のことが話題として出てきました。掃除がちゃんとできないからどうにかしたいというのです。

運営委員会には各班長も出席しています。

「班ごとにそれぞれの班員の掃除への取り組みをチェックするようにしてはどうか？」ということで、次回の学級会の議題は「班点検の実施について」と、決まりました。掃除の点検だけでなく、他に点検するようなことはないか？　となり、今の学級の実態から考えられることとして次のようなものが出てきました。

「朝自習」「短学活の態度」「掃除」「忘れ物」「授業中の態度」「チャイム席」「宿題」「遅刻」。結局、六月初めの学級会では「朝自習」「掃除」「宿題」「チャイム席」の四つを点検することに決まりました。

このようにして、生徒たちは自分たちの学級の問題点を探し、自分たちの手で解決していく方法を身につけていったのです。

二学期になると、もっと高度な話し合いができるようになりました。

その日の授業でわからないことがあったら、その日のうちに解決するようにしよう。そのために、放課後に「助け合い学習」の時間を設けようという取り組みがなされ、月〜金曜の放課後に二十分間の「助け合い学習」の時間を設定することになりました。二、三名の組を作って、その日に習ったことでよく理解できなかったところを尋ね合い学習し合うようになったのです。職員会議などで担任がいない時でも、自分たちで二十分間はきちんとやって帰っていました。自分たちで話し合って決めたことなので主体的に取り組んでいたからでしょう。

そんな十月のある日、職員朝会で鏡中の生徒が町内のスーパーで万引きをしたという報告がありました。生徒指導の先生からそれぞれの学級での指導を頼まれた私たち担任は、朝の学活でそのことを伝えました。私はその時、

「もし、みんなの中にそんなことをした者がいたら先生のところへ言ってきなさい」

と、付け加えました。

職員室は二階で、教室は中庭を隔てた別棟にあり、一年生は、その三階に一組から順に六組まで並んでいます。昼食後の休み時間に、その三階の廊下に男子生徒たちが並んでいます。何をして遊んでいるのだろうと遠くから見ていましたら、数分後に二十数名が一列に並んで職員室へやって来ました。鏡中へは、町内の四つの小学校からやって来ます。その中でいちばん規模の大きな鏡小学校でボスだった、私のクラスの身体の大きい男の子が先頭になってやって来て、

「先生、万引きした者たちを連れてきました」

と言うのです。もちろん、彼自身もその中の一人でした。思いもかけぬ出来事に、私は一瞬戸惑ってしまいました。

それぞれの担任のところへ行って、「いつ、どこで、何を万引きしたか」を告げるように言いました。

小学生時代のことがほとんどであり、品物もチョコレートなどの食べ物やカセットテープ類が主でした。千円以下の品物は、その代金を持ってこさせ、担任と一緒にその店へ行って事情を話し、謝って返す。千円以上の場合は、担任が家庭訪問をし、子どもと一緒に事情を親に話し、親子で店へ行って謝って返してもらう……ということにして済ませました。店の人たちは最初はびっくりしておられ、要領を得ぬふうでしたが、好意的に協力していただいて解決し、その後は生徒たちも落ち着いた生活ができるようになりました。

そのボスだった生徒は、入学当初は身体も大きくガキ大将で、クラスのみんなから邪魔者的存在とされていました。しかし、その元気の良さがプラス面となり、授業ではわかるまで先生に質問するし、学級活動でも元気良くクラスをリードする一人となってきました。天真爛漫であり、自分が思っていることは誰へ対してもはっきりものを言う子でした。

それが気に入らぬ教師もいます。天真爛漫ではなく、傍若無人な振る舞い、教師を教師と思わぬ言動とでも受け取られるのでしょうか。

二年生の時は他の担任のクラスになり問題児視されていたその子が、三年生になってまた私のクラスへ入ることになりました。私にはその子の発言も行動も全然気にならなかったし、その子もみんなの中に溶け込んで、のびのびとした生活を送っていました。例えば、その彼のズボンの股が大きくほころびた時、クラス委員長の女の子が、朝の学活の時間、全員注視の中で男の子のズボンを悠々と縫っている情景も見られました。

ところが、私のそのような接し方に対して、反対の考えを持っている人たちがいました。

「村内先生のやり方は子どもに甘い、もっとびしびしと厳しくしなければ」

と言うのです。そんな教師たちの中で、生き生きと目の輝いた子ども、優しい心を持った子どもを育てることは生やさしいことではありません。

正義漢T君

鏡中へ転勤した最初の年は、一年生の担任をしながら三年生の三クラスに国語を教えていました。私が行っていたクラスに女先生が担任しているクラスがありました。彼女は子

どもたちの言葉に耳を傾け、生徒たちからも信頼されていました。ある日、その女先生が私を呼びに来られ、

「一階の教育相談室でT君と話し合っているのですが、私だけでは彼を説得できません。ちょっと来てください」

と言われるのです。何でも、

「村内先生だったら相談に乗ってもらってもいいと言うのでお願いに来ました」

とのこと。

T君というのは、がっしりとした身体つきで、彼が声をかけたら十人ぐらいの悪ガキがすぐ集まるというくらいの信望を持つ硬派です。授業中に特別目立つ存在でもなかったので、それまで個人的に話したことはありませんでした。

相談室へ行くと少し興奮した顔つきです。顔面が蒼白になっています。いきり立った顔つきで、三年生担当のある男先生（K先生）へ今から直接話しに行きたいというのです。

彼が言うには、

「K先生は、僕たちをビビらせて、自分の思うように指導しようとしておられる。そのようなやり方では生徒は絶対良くならない。あの先生のために悪くなっていった先輩がたく

さんいます。今のやり方を改めてもらうようにK先生へ言いに行きたい」と言うのです。K先生の性格をよく知っておられる担任の女先生が、T君を思い止まらせようと説得したのですが聞き入れてくれなかったのです。そこで私も、

「君の気持ちはよくわかった。しかし、君の正義心をK先生が正面から受け止めてくれるだろうか？　K先生は、君たちの担任の先生のやり方とは違った考えを持っておられるし、生徒の君たちが先生へ向かって注文を付けることなど、もってのほかと思われるだろう。もっと恐いのは、君たちへの風当たりがもっと厳しくなるかもしれないということだ。校内研究会や私たちの実践で少しでもわかってもらうように努力するから、私たちに任せてくれ」

と言って、やっと思い止まらせることができたのです。そんなことがあったとは、K先生は知る由もありません。

T君はその以前、三年生になって学校不信・教師不信などが積もって一ヶ月近く学校を休み、家出して自転車で鹿児島市まで行き、土木工事の労働をしたことがありました。身体が頑丈だったので中学生だとは思われなかったのです。しかし、同じ労務仲間の人から若い時には勉強が大切だよと言い聞かされ、帰ってきたのでした。

鹿児島で暮らした一ヶ月間の出来事や心境を、大学ノートに日記風にびっしりと書いていました。本人の許しを得て担任の先生からそのノートを見せていただいたのですが、自分の考えや心境を書き込んだ、きちんとした文章でした。

個人的に知っていたのは、校区外に住んでいる私の家辺りの新聞配達をしていて、時たま顔を合わせ、「おはよう」と声をかけたことぐらいです。

T君の中学校での学習成績は中くらいでした。その後の作文指導で彼の文章が文集に載っています。参考資料として使えるほどしっかりした文章です。中学卒業と同時に同じ鏡町内にある農業高校へ進学し、学業成績のことはよくわかりませんが、学校も休まずラグビー部の活動や生徒会役員としての活動に頑張って、推薦で某国立大学農学部へ進学していったそうです。

指導は畳の間で

鏡中へ赴任してとても奇異に思ったことがありました。放課後、生徒を職員室へ呼んで説教したり、殴ったりする情景がよくみられたことです。滑稽だったのは、自分一人だったら殴れないような人まで職員室の中ということを利用して殴るのです。生徒にしてみたら、さぞ嫌なことだったでしょう。そして、どんどん悪くなっていく。鏡中へ赴任した当初、「生徒指導は、全員の共通理解と協力が大切だ」とよく聞かされましたが、最初の頃はその意味がよくわかりませんでした。全員が協力して厳しくやろうということだと知ったのは、もっと後のことでした。

四十名ほどの教師が入るだだっ広い職員室でした。学年ごとに向かい合わせに机を置き、十名ほどがひとかたまりになっていました。それぞれの机の上には本箱を置き、教科書や書類、参考書などが並んでいます。その机の、教師が座っている椅子のそばに子どもを正座させて説教している者、罰として正座をさせ自分は事務処理をしている教師、反省文を書かされている生徒……、放課後の職員室は殺伐としていました。

私は、朝の職員会で提案しました。

「生徒の生活指導は、職員室ではしないようにしましょう。一階に相談室もあるし、休養室の畳の間もある。他の人がいないところで、担任と生徒でじっくりと話し合うようにしましょう……」と。

生徒と二人だったら、なぜそのようなことをしたのかをじっくりと聞け、生徒の言い分も、気持ちも、担任へ伝わるだろう。二人だったら、殴ることもなくなるだろう。教師も生徒も、他の先生への体面を気にしなくて済むだろう。そう思ったからです。これはかなり効果的でした。それまでも職員会議で「生徒を殴らないようにしましょう」と発言したことはありました。しかし、このように具体的に対処の仕方を示して少しは変わったようでした。

私自身も、スローガン主義や徳目主義を後生大事にし、学年・学期の初めには「学級目標」や「個人の生活目標」などを決めさせて教室の壁に貼ったりしていましたが、そんなことを行ったからといって、クラスや生徒の生き方を変えることなどできはしなかったのです。生徒も教師も、具体的な活動の仕方を示さなければ変えられないのです。

鏡中から坂本中へ転勤して、そこでは「子どもの日常の具体的な活動を通して子どもを変える」というやり方を徹底的に行うことになります。坂本中での実践については、後で詳しく述べます。

深い溝

鏡中へ転勤して間もない頃のこと、生徒指導に熱心な先生から「子どもをきちんと指導しない先生がいるから困る」と言われたことがありました。きちんと指導しない先生というのが、先述の熱血漢T君の担任の女先生でした。私もT君の担任同様、子どもの気持ちを大切にする方でしたから、後には、私の指導についてもいろいろ批判的に言われるようになってきました。

一方で、生徒の気持ちを全く考えないで指導している先生もいます。そのクラスからは、不登校の子や無気力な子、反抗的な子が生まれます。しかし、当の本人は自分のやり方が最善だと思っている。子どもへは厳しくしなければいけないと信じ切っている。子どもの自主性を養い、自立を促すことの大切さや、子ども自身が人間としての尊厳を持ち、何人もそれを冒してはいけない、などとは考えてもいません。そんな人たちとの軋轢《あつれき》を肌に感じながらの生活が続きました。

そんな時期に私が作った詩を同僚の先生に読んでもらいました。その先生も隔靴《かっか》掻痒《そうよう》の気持ちで毎日を送っているようでした。

酒が飲みたい

うまい酒が飲みたい
甘い酒が飲みたい
頬にほんのりと皺を刻み
心の襞まで温まるような酒が飲みたい
いくら酔っても
優しい響きが漂っている
そんな女たちの中で
そんな朋輩たちの中で
無言で語り合いながら
目と目が生き生きと輝き
熱い熱気が充満してくる

そんな
命を洗うような酒が飲みたい

教師自身が、こんな沈んだ気持ちで暮らしているような雰囲気ですから、子どもたちが生き生きとした生活を送れるはずがありません。

青天の霹靂《へきれき》

鏡中学校へ行って三年目のことです。少し風邪気味で出勤したのですが昼前になって頭痛がし、我慢できなくなったので教頭のところへ年休願いを持って行きました。その願いを見た教頭が、

「困ったなあ。今日の職員研修は先生のことが中心ですよ」

と言うのです。天から降って湧いたような言葉。職員研修の瞬間まで、本人には何も伝えずに俎板《まないた》の上に上げようとしていたのです。この頭痛が我慢できるようなら居残ってきちんとした論戦を展開したかった。その管理主義的な生徒指導の仕方には、私自身批判的

だったし、そのようなやり方が子どもを無気力にし、反抗的にしているのだと思っていましたから。そこで、教頭には、

「私も言いたいことがありますから、後日、私の方から問題提起します」

と言って帰りました。

翌日、職員研修の様子がどうだったかを同僚の先生に尋ねました。

「生徒指導では職員全員協力し、歩調を合わせて厳しくやってもらわねば困ると言われましたが、私たちも先生のように生徒を大切にしたやり方がいいと思うし、そんなふうに思っている人たちが多かったですよ」

と言われました。この言葉で、重くのしかかっていたものが少しは軽くなった思いでした。

こんなに重い心で暮らしていながら、どうにもできないでいる子どもたちのことが頭をかすめました。今回の出来事は、私の考えをみんなに知ってもらい、考えてもらう良いチャンスだと思いました。

欠席裁判の後の職員研修で、今度は私が問題提起をすることになりました。私が提出した「問題提起」の文面を全文そのまま紹介します。

◆問題提起「生徒指導」について

鏡中学校教諭　村内一誠

（はじめに）

以前の子ども達は、放っておいても悪いことはしなかった。ところが、最近の子ども達は、何をしでかすか全く予測がつかない。社会規範から考えて当然許されないことを平気でやってしまう。これは、なぜなのだろうか？

非行の原因は、一般的には「その非行を起こす子ども自身（親・子関係）、その子どもを取り巻く生活環境、それから広く社会的・時代的条件にもとめられる」そうである。（福村出版『非行傾向のある子ども』治療教育講座　一二）

そうだとすれば、現代の子どもを取り巻く生活環境、社会的・時代的条件が、以前とは全く変わってしまった故であり、指導の手だてはないのであろうか？　非行行為が実際にあった時、私達はどう対処すればいいのであろうか？

アメリカのW・ヒーリー博士は、「非行は、少年の自己表現の一つの様式であって、その少年の人格全体のあらわれではない」と言っている。つまり、子どもの正常な欲求の流れが、なんらかの原因によって阻止された場合に、その阻止された部分にゆがみが生じて、社会に受け入れられない形で進路を変えて流れ出したのが非行であるというのである。非行は、その子のゆがめられた人格の一部分であって、その子の全人格ではない。

この認識をしっかり持っていないで非行に対する処置の仕方を誤ると、健康な部分も次第にゆがめられ、やがて手に負えない非行少年ができあがる。つまり、非行少年は、対処の仕方によって作られていくものであると言っている。

このような学者の意見を参考にしながら、現在、われわれが行っている指導について考えてみたいと思う。

（一）第二次反抗期の意義

第二次反抗期は、今まで当たり前のこと・当然のこととして服従していた事柄に疑問を持ち自分なりに考え、判断し行動しようとするところから生まれる。小学生時代には、親の言うこと・先生の言葉は絶対であった。しかし、親の言葉・先生の言葉にも、大人の持つ利己や妥協・得手勝手さがある。また、世の中で当たり前・常識と思われていることにも、よく考えると疑問が持たれる。矛盾が感じられる。そこらを若い感受性が鋭く捉え、自分なりに考えようとする。行動しようとする。その行動が、反抗としてあらわれるものではなかろうか。

だから、反抗期が現れるのは人間として成長するためには大切であり、成長段階での一過程として見守らねばならぬことであろう。むしろ、第二次反抗期のない、何にも疑問も持たずに盲従している子どもこそ危険である。大切な成長過程の欠落として憂慮すべき存在であろう。なぜなら、そのような子どもは、人生上のちょっとした問題に遭遇しても、自分で考え判断する力がないし、自分なりに行動する自主性を欠くことになるであろうから。また、その壁を自分で乗り越えるだけの力量を身につけられないであろうから。

（二）当為の意識で行う生徒指導

現在我々が行っている生徒指導で、この第二次反抗期を考慮に入れて指導しているであろうか。

子どもの問題行動に対して、「君のやったことは間違っている。人間として為すべきことではないではないか！」と、頭から当為の意識で指導し、子どもの行動を責めてはいないだろうか？　世の大人達の得手勝手さがないと断言できるであろうか？

例えば、問題行動を封じるために対処療法的に作られた規則などには、平穏な時になって考えると無理と思われるものも出てこよう。その規則をそのままにしておくと、きまりや規則に対する不信や軽視の風潮が子ども達の中に醸成され、ひいては、きまりを破ったことへの罪の意識を薄くしてしまう。その結果が、学校内・外でどのような行動となって現れるかは自明の理であろう。

（三）教師の権威による生徒指導

もう一つ気になることは、教師の権威を振りかざしての生徒指導である。もちろん、教師に権威が不必要だというのではない。教師としての権威は備わっていなければ生徒への指導はできないであろう。

しかし、子ども一人ひとりの家庭状況も違うし、子ども自身の人間性も違う。全てが悪いところばかりでなく、いいところを持った子もいる。いわゆる、子どもは一人ひとり個性的存在である。そのことをまったく無視して一つの範疇にはめ込み、理想像に照らして子どもを責めるのは如何であろうか？　一人ひとりの子どもについて、ほとんど知らずにいて叱る場合もある。一見理屈は正しいし、子どもも反論できずに表面上謝るかもしれない。しかし、心の底から反省し、非を認めているかどうかは疑問である。

もし、権威を以て強圧的に接したとしたら、その結果はどうなるであろうか？　子どもの人間としてのプライドを全く奪ってしまったら、どうなるであろうか？

プライドを失ってしまった子ども達に、人間として良識ある行動は期待できない。期待できないばかりでなく、むしろ反対の方向へ向かわせることになるだろう。気の弱い子どもは、陰に隠れて煙草やシンナーの世界で自分を痛めつけ、気の強い子は権威への開き直りを見せ、徹底的に反社会的行動を示すことになろう。

（四）生徒が自ら悔い改める生徒指導とは？

決まりや規則を破ったり、暴力行為を行うことの非を自分自身心から悟り、悔い改めるようにするには、どうすればよいのであろうか。

一つには、自分の行ったことへの認識を持たせねばなるまい。なぜ、どんな気持ちでそんなことをやったのかを聞き、子どもの心の底にある欲求や不満を明らかにして、そのことと自分の行動との関連を考えさせる。その後、その行動が他人に与える影響、または行動そのものの価値等を考えさせる。例えば、自分の気持ちは主張したが、それが相手も一人の人間として認めたものであったかどうか？　そうしなければ、自分の人間としての存在が脅かされるようなものであったかどうか？

つぎに、自分の行動を心から悔い改めるほど認識できなくても、自分から悟るまで根気強く待つことである。自分から悔悟の意識を持たねば本当の成長にはつながらない。教育は調教ではいけない。非行から抜け出るためには権威への単なる服従でなく、人間的成長による脱皮でなければなるまい。

子どもの問題行動について教師と子どもで話し合い、その問題行動の質をどれだけ悟らせ得るかは教師の力量である。子どもがその非を認めて改めることを誓ったら、教師はその言葉を信用し、その言葉に期待の気持で接するべきであろう。「本当にわかってくれ！　良くなってくれ！」という祈りの気持ちで見守るべきであろう。その結果が、裏切られることもあるかもしれない。しかし、それは子どもが本当に成長できなかった証であり、教科指導でも教えたことを全て理解してくれるとは限らないではないか。それと全く同じである。根気強く指導を続けるほかに方法はあるまい。従って、子どもが非を認めて誓ったとしても、だまされるのを覚悟していなければなるまい。

それにもう一つ大切なことは、子どもの人格を尊重する姿勢で接することであろう。子ども自身が自分にプライドを持ち、自分で自分を汚すことのないように行動する。無責任な行動からは自分の人格は守れない。自分の人格を守るためには、きちんとした行動をとらねばならぬ。嫌なことでも果たさねばならぬ。そのような積極的な生き方を志向するように、生き方の方向性をはっきり与えることも必要であろう。

その他の積極的対策としては、落ちこぼれから非行へ走ることのないように学力をつけてやることや学級会活動・生徒会活動等の自主活動を活発にすることなども考えられよう。
何れにせよ、管理主義的な生徒指導は一考すべきであると思うが如何であろうか。

◆

このような問題提起をし、私がどんな気持ちで子どもたちと接しているかを全部の先生方に理解していただくように努めました。人間、何が幸《さち》をもたらすかわかりません。頭痛で職員研修に参加できなかったお陰で、生徒指導についての私の考え方をわかっていただく機会が持てたのは幸いでした。

その翌年から私は校務分掌で同和教育の係となり、年度が改まった四月に新しく赴任して来られる先生方に対して、「鏡中学校の同和教育」と題して右記の「生徒指導について」のプリント資料で特別研修を毎年行うことにしました。職員研修で問題提起した数年後に、もう一度同じ資料で全体研修を行ったこともありました。

助け合い学習

鏡中学校へ赴任した年、二学期の学級会での話し合いで「助け合い学習」をすることになったことは前述の通りです。

私のクラスの子どもたちが帰りの学活の後、教室で静かに勉強している。他のクラスの友達が、私のクラスの前の廊下でそれが終わるのを待っている。だんだんと自分たちもやりたいような気持ちになっていく様子を私自身感じていましたし、学年の先生方も私のクラスでやっていることをうすうす気づいておられたので、この件を学年会の話し合いに出して、一年生全クラスが「助け合い学習」の時間を持つことを提案しました。その結果、一年生六学級全体が「助け合い学習」を実施することになりました。

二学期の半ばから三学期の終わりまで「助け合い学習」を続けているうちに、一年生全体がだんだんと落ち着いた生活ができるようになっていきました。

例年、年度当初に学校の組織・機構や運営についての職員会議が行われます。

七月の中体連（日本中学校体育連盟による体育大会のこと）が済むと三年生は部活動か

ら退き、二年生が部活動の中心となって練習しなければなりません。その中心の二年生が、二十分も遅れて部活動へ行っていては締まりがなくなるだろう。そうなると、助け合い学習も落ち着いてやれなくなるだろう。危惧の念がよぎり、できれば学校全体で「助け合い学習」をやれないだろうかと思った私は、年度当初の職員会議に、一年生が取り組んできた「助け合い学習」を学校全体で行うようにはできないだろうかと提案しました。

私は全部の先生方に私のクラスの取り組みや一年生全体でもやっていることを報告し、鏡中の生徒が落ち着いた生活ができるようにするにはいちばん良い方法だと思うと力説しました。その結果、案外すんなりと実施が決まったのです。

創意の時間を二時間割き、月曜から金曜まで二十分ずつ割り振って実施することになりました。「創意の時間」というのは、各教科指導の他にその学校独自の創意工夫によって使ってよい自由裁量の時間です。週に三時間ありました。これを一年間も続けているうちに、鏡中学校の生徒全体が落ち着いた生活となってきました。

本来、子どもたちは勉強がわかりたいのです。みんながわかるようになることを目的とした活動をしているという満足感と自信が子どもたちの中に醸成されると、落ち着いた生活ができるようになるのです。わからないままにしておくと、子どもの心は不安定になり、荒れた生活になっていくのです。

この助け合い学習のお陰で、あんなに荒れていた鏡中学校全体が変わりました。本当に穏やかな学校になりました。

この学校全体での助け合い学習は、その後七年間続けられました。しかし、私が他の学校へ異動した途端、廃止になってしまったのは残念でした。英語の時間を一時間増やす必要があったからでもありましょうが、残りの一時間を一日に十分ずつでも残してほしかった。

せっかく落ち着いた、素晴らしい学校になっていた鏡中が、数年のうちに、また荒れた学校に変わっていったそうです。暴力的な教師が、幅を利かせる学校に変わっていったそうです。教師の暴力が先なのか？　子どもたちの荒れが先なのかはわかりません。いずれにせよ、教師の子ども観が原因だったのでしょう。子どもを一人の人間として対しない教師が、学校を変えてしまったのでしょう。

悪ガキ入学

鏡中へは、町内四つの小学校から入学してきます。その中のある小学校に、煙草は吸うし、単車は乗り回すし、手に負えない子がいて、今春中学校へ入学してくるという噂《うわさ》が伝わってきました。

誰が担任するかを職員会議で話し合うことになりました。その頃の鏡中は二十学級近くあり、八代郡内でいちばんの大規模校で問題生徒も多く、生徒指導の面では格別の配慮がなされていました。例えば、熊本県教職員異動細則では、同一校勤務七年が限度であり、七年経ったら異動しなければならぬきまりになっています。しかし、鏡中の生徒指導に必要だということで十数年間居つづけている先生がいました。厳しいけれど心が温かく、生徒からも保護者からも信頼が厚い先生でした。今度入学してくる件《くだん》の生徒を、その先生にお願いすることになりました。

そのことが決まった時、その先生が私のところへやって来て、私の目を見ながら、

「今度入ってくる子には、手を挙げずにやってみましょうかね」

と、つぶやかれました。私も、先生の目を見ながら、

「大変だろうけど、そうしてみては」

と相槌を打ちました。

その子が中学校へやって来て、ほとんど問題行動もなく三年生になった時のことです。新しく入学してきた一年生の男の子が、スーパーで万引きをして捕まりました。そして、自分の名前は言わずに、小学生の頃悪名高かった件の男の子の名前を騙《かた》ったのです。それがばれて、事後指導が行われることになりました。

鏡町にあった二つの中学校を統合して新設された頃は生徒数も多かったのですが、その頃に比べて生徒数が半分以下になった鏡中では、教室がたくさん余っていました。その空き教室の中の一つが、床上げされて畳敷きの休養室になっていました。床の間まであり、落ち着いた部屋でした。私は、昼食後はその畳の間へ仮眠を取りによく行っていました。

その部屋に、万引きした一年生と名前を騙られた三年生の件《くだん》の子がいました。その部屋にいたのは、横になっている私とその子たち二名だけでした。

三年生の子が、一年生の子へ穏やかに言い聞かせています。

「もしもだぞ、お前の名前を他の者が使って悪かことをしたら、お前はどういう気持ちに

なると思うね」

と言っているのです。この子が、鳴り物入りで入学してきたあの子だろうか？　手を挙げずにやってこられた成果、この子を大切にして接してこられた成果が実ったなあと思いました。

続「指導は畳の間で」

生徒が問題行動を起こした時は、保護者の学校召喚が行われます。校長室に保護者と生徒を呼び、学校長をはじめ生徒指導教師、学年担当の教師がずらりと並んでいる前で事故報告がなされ、生徒と保護者への学校長の説諭があり、最後に生徒の反省の言葉と保護者の陳謝の言葉で終わる。これが問題行動に対する保護者召喚の実態でした。

私は、このやり方には反対でした。私は、問題行動があったら家庭訪問をし、保護者と生徒、担任の三者で、問題行動の動機や原因、生徒の気持ち、学校や地域での生徒の人間関係、親子の人間関係などを徹底的に話し合いました。

その際、担任は最後まで生徒の側に立って話し合うことにしていました。だから、問題行動を起こした子どもや親との関係は、それまでよりも良くなっていきました。どんな親でも子どもは可愛いし、これから先の生活の仕方、解決の方向をはっきりさせてやると安心するのです。そして、教師を信頼するようにもなるのです。もちろん、問題行動を繰り返すことはほとんどありません。

また、問題行動が他の学級の生徒も一緒になって、グループの場合もあります。私が学年主任をしていた時、グループでの問題行動が起こりました。私は、問題を起こした生徒と保護者、それぞれの担任だけを休養室の畳の間に呼びました。学校長や生徒指導の教師には連絡しませんでした。関係者だけで車座になって問題行動について話し合い、今後のことについて考え合いました。

生徒が座を外した後、保護者に、学校への注文や意見、子どもたちの家庭での様子などを遠慮なく語ってもらいました。ほとんどの親が本心を語り、その後の対策まで話し合って親同志相互の共通理解の上での約束までして帰っていかれました。

前述のような校長室での生活指導を受けたことのある保護者は、今度のやり方を心から感謝しておられました。以前は学校召喚が終わって帰られる時の親の表情は、青ざめて引きつっていたのですが、親自身が自分の意見を言い、今後への見通しをはっきり持って帰られる表情は、大変明るいものでした。

校長室という権威を象徴するような場所で、学校側の威力を振りかざしての旧態依然たるやり方では子どもを心から変えることはできないし、現在の子どもたちの問題行動に対処することはできないのです。畳の間で車座になって、親も子も教師も同等の立場で話し合うことが大切です。

本当の厳しさ

私のクラスの子どもたちは、甘やかされて楽だったのでしょうか?

いいえ、楽しい学校生活は送っていましたが、決して楽だったわけではありません。学級の係活動はきちんとやらねばならなかったし、学級会の前には放課後遅くまで学級運営委員会の話し合いをしなければなりません。

学級運営委員会のメンバーは、学級委員（男女一名ずつ）、各班の班長、そして担任です。話し合うことは、（一）議題の選定、（二）提案理由を考える、（三）学級会のプログラムを考える、（四）学級会の時の役割や事前準備の係を決める、（五）議題の問題点や予想されるいくつかの解決方法を考える……などです。事前準備としては、話し合いのプログラムを小黒板に書いておかねばなりません。

毎日の日直の役目も大変です。朝・夕の短学活の司会をし、帰る前には教室のちり箱のごみを捨て、窓を閉めた後、職員室の担任のところまで日直日誌を持ってきて担任と四、五分話して帰っていかねばなりません。話の内容は他愛ない世間話や親兄弟のことでもいいし、子どもからの教育相談や担任からのアドバイスでもいい。しかし、四十名のクラスだったら四十日に一回は話すことになり、担任と子どもとの関係はかなり親密になっていきます。

その他にも、毎日「生活カード」を書かせていました。一枚の画用紙に一ヶ月分の欄を作り、学習時間やテレビの視聴時間、手伝いの内容や一日の生活の様子を書いて提出させていました。学習時間とテレビの時間はグラフ化させていましたので一目瞭然でした。担任としても赤ペンでコメントを必ず書いていましたので、大変な負担でした。

もし、一週間に一度も提出しない場合は、放課後家に取りに帰り、持ってこさせていました。職員室へ持ってきたり、部活動で私が女子ソフトボールを指導している運動場まで持ってくる子もいました。これは一年生から三年生まで続けたのですが、持ってこない子はほとんどいませんでした。この生活カードによって家庭学習の習慣が身についた子どもも多かったし、学力も伸びていきました。

前述のように「助け合い学習」を鏡中全学級で行うように時間設定されたのですが、中にはその時間を活用しない担任もいました。しかし、私のクラスは毎日当たり前のこととして活発に行っていました。学習がわかりだすと毎日の暮らしが面白くなるし、落ち着いた生活にもなってくる。子どもたちの目が生き生きと輝いてくる。何事にも前向きに取り組んでいく。教科を教えに来られる先生方からも「このクラスでの授業は面白い」と言われるようになる。子どもたちはますます乗ってくる。相乗作用です。

それに対して、学級担任としてそのような活動をさせていないクラスは、まとまりがなく無気力な雰囲気になっていき、生徒たちが自分勝手なことをやり始める。教師たちは、そういう生徒へ厳しく当たりだす。もともとは担任自身の無力と無策が原因なのですが、当の教師はそのことに気づいていません。

全体的に言って、係から言われるままに学級の組織は決めるけれど、本当の意味での活動をしていない教師もいるようです。

法令にも「教育公務員は、その職責を遂行するために、絶えず研究と修養に努めなければばならない」と定められているのですが、先生になってしまった教師たちは勉強しようとはしません。教育委員会が実施する「行政研修」や自分たちで行う「校内研修」はあるのですが、自分で教育書を買ってきて研修する教師は少ない。子どもたちへの厳しさだけでなく、教師としての自分への厳しさも大切です。

学校現場での研修の機会としては、法令に基づいて市町村教育委員会連絡協議会が主催する、教科等の指導力を高めることを目指すものと、文部省の学習指導要領の伝達と深化を目的とするものとの二つの「行政研修」、そして、それぞれの学校で行う「校内研修」があります。しかし、これらの研修はかなり形骸化されてしまっていて、指導力を高める役目をあまり果たしません。教師としての力量を高めるためには自己研修が必要です。

私は教師に成り立ての頃、毎月発行される教育雑誌を八年間ほど継続購入して読んだことがあります。自分の学校や身近な先生たちの狭い地域の実践だけでなく、全国的な視野でいろいろな教育実践の実態を知りたかったからです。

この雑誌からは多くのことを学びました。例えば、学級会活動、特に学級での話し合い活動の前には「学級運営委員会」を設けて話し合いのプログラムを練っておかねばならぬことを知り、自分の実践に取り入れました。そして、そうした取り組みを自分の学級ばかりでなく学校全体で実践させるために自分から進んで校務分掌では学級会の係となり、そのやり方を紹介したり、学級運営委員会の時間を確保したりすることに努めました。鏡中も坂本中も、部活動の盛んな学校だったのですが、月に一回は放課後の部活動を制限して学級運営委員会の時間を月行事の中に特設していただいていました。

このように、子どもにとっても教師にとっても厳しい実践活動を強いていました。

掃除とは？

学校教育の中で「掃除」はどんな位置を占めているのでしょうか。掃除について教師はどう思っているのでしょうか。子どもたちはどんな気持ちで掃除を行っているのでしょうか。

ずっと以前、掃除は学校行事の中の体育的行事に位置づけられていました。ちょっと無理な位置づけですね。平成三年三月に出された学習指導要領には、「掃除」の言葉は見当たりません。「学校行事」の中の「勤労生産、奉仕的行事」には、「勤労の尊さや生産の喜びを体得するとともに、社会奉仕の精神を涵養《かんよう》する体験が得られるような活動を行うこと」

とあるだけです。教育課程の中に位置づけされていないのに、掃除を子どもたちに行わせるのは当然のこととして強制してやらせていたのが実情のようです。

教師も子どもも掃除についてはあまり深く考えないでいたようです。掃除は昔からやってきたこと、子どもがするのは当たり前のことと思っているようです。だから、子どもたちがさぼらずに掃除をするように見回りをし、厳しく叱ったりする。子どもたちも、掃除の時間はいいかげんに過ごし、先生が来られたら掃除をする振りをする。教師も子どもも、掃除についてあまり深く考えないできたから、そんなふうになってしまったのでしょう。

掃除を子どもたちにやらせていると聞くと、外国の人は驚くそうです。掃除を子どもにやらせるのは当たり前だと思っている日本の教師は、そんなことを聞くと逆に驚きます。

掃除はもともと学校管理に属するものです。学校設置者が行うべきものなのです。でも、予算の関係もあり清掃業者を雇う余裕はありません。だから、便宜上子どもたちにやらせているのです。子どもがやるのは当たり前のことだと決めつけて掃除をやらせるから、今のような状態になってしまったのでしょう。監視され、強制されての掃除からは、子どもたちは何の得るところもありません。

教師の見回りがなくても掃除をする子どもを育てることができれば、掃除を教育の中に位置づけたことになります。そんなことはできないのでしょうか。

私は年度当初、受け持ったクラスの生徒たちに、掃除は生徒の義務ではないこと、掃除は自分のためにやるべきことを話します。だから、掃除の監視には行かないことを明言します。掃除区を回る時は、誰がどんなところまで気をつけて頑張っているか、そんな頑張っている人を見るために回るのだから、遊んでいても何も言わないと言っておきます。掃除は、気働きを養い、自分を強くするために行うようにしようと呼びかけます。

しかし、私は掃除の監視に回らなくても、誰がどのくらいやっているかはわかっていました。なぜなら、班日誌の中に班点検の欄を設け、一人ひとりの毎日の生活の様子をチェックしていたからです。

班ごとに一人ひとりの掃除への取り組みを○、△、×で班長がチェックし、帰りの学活の時に発表させていたからです。

教師になって三年目、今から五十数年前の話ですが、人吉一中で二年生の担任をしていた時、理科室担当の男子生徒が帰りの学活時に、

「理科室掃除の者は、今日放課後残っているように」

と言う。何をするのかと思っていましたら、理科室のカーテンが汚れているから洗濯を

して帰るというのでした。その頃は木造校舎でしたが、その理科室前の廊下はピカピカ光っていて、両隣とははっきり区別できるほど磨き上げられていました。

次の赴任校、免田中でも同じようなことがありました。校舎の正門付近の掃除班がいつも帰りの学活に遅れてくる。

「掃除が終わったら学活に遅れずに来るように」

と言うと、

「校門前の道路の溝に砂利が詰まって学校内に水が流れ込んでくるから、スコップで砂利をすくっていて遅くなるんです」

と言う。その頃の道路は砂利道で、学校の正門前には百メートルほどの道路があり、道路脇の側溝に砂利が入り込み、正門から自分たちの掃除区域に流れ込んだ水が、校内を水浸しにしていたのです。だから掃除の後、側溝に入り込んでいた砂利を一ヶ月近くかかってすくい上げていたのです。

最後の教え子、坂本中の生徒が卒業する時「三年間の生活」について書いてもらいました。その中に「掃除への取り組み」という項目もありました。そこに生徒たちが書いたことを二つ、三つ紹介します。

「最後の学年ということもあって、一つひとつのことをきちんとできるようになるため、まず掃除から取り組んだ。そしたら、いろいろなことをがんばれた。つらいこともやっていくうちに、なんでもなくなるということがわかった」

「一、二年の頃は遊んでいることが多かった。誰かが遊んでいるとみんな遊んでしまうと思う。三年になってからは、だんだん気がつかないうちにみんながんばるようになっていた」

「掃除をする時、すみずみまでやんないと気が済まなくなった。本当は掃除はあんまり好きじゃないけど、やりだしたら、ちゃんとやんないといけないんだと思うようになってきた」

と述べています。

掃除は強制ではなく、教育でなければなりません。掃除を通して子どもたちを育てるような掃除のさせ方を工夫しなければいけません。掃除を自分からきちんとやれる子どもは、何事にも自主的に取り組み、心情的にも落ち着いた子どもになっていきます。理想の子ども像に近づきます。

学力とは？

教師の中にも「勉強は、学校でやればいい。家に帰ってまでする必要はない」と言う人がいます。子どもをのびのびと育てることは大切でしょう。しかし、その結果が子どもの心を不安定にしては、子どもは幸せではありません。人がいちばん幸せに思うのはどんな時でしょうか？　それは、心の底からの充実感、達成感を味わう時ではないでしょうか。

そのためには、教師は子どもたちが充実した生活ができるようにその道筋をはっきりと示し、具体的に取り組めるようにしてやらねばなりません。

年度当初に行われる家庭訪問で、生徒の家を訪れると必ず話していたことがあります。それは学力についてです。学力を分析し、授業中に考える学力と、家で勉強しなければ身につかない学力があることを知らせます。私は学力を次の三つに分けていました。

（一）理解力、思考力……国語の要点をまとめたり、数学の応用問題を考えたりして養われるもの

（二）練習して身につく学力……漢字や計算練習、英語の読みなど
（三）記憶して身につく学力……歴史や生物名、原子記号など

（一）の学力は、授業中に一生懸命考えればよい。
（二）の練習は、授業中はあまりやる時間がない。だから、家で練習しなければ学力は身につかない。
（三）は、心理学者ピアジェの忘却曲線を示して、もう一回見直すだけで倍記憶できる。だから、家に帰って必ず見直さねばならぬ。

と説明します。（一）の学習は、家でやらなくてもいいが、（二）と（三）は、家でやらねば学力は身につかないと話します。

それに、教科を教える時も、練習する内容を指示すると同時に、やり方をはっきりと示します。例えば、国語の五分間テストの前には漢字練習の仕方を教えます。教科書三ページほどの中から十問テストをする場合、教科書の中の難しそうな漢字を○で囲む。その読み仮名を半紙に書き出す。それを見て漢字を書く。間違ったものを練習する。もう一回、半紙を見て書いてみる。というように。

（学力をつける勉強の仕方は、第二部「教科指導の仕方」で詳述）

生活カード

学校での生徒指導や学習指導だけでなく、自分が担任している子どもたち一人ひとりの家庭学習を見守り、評価したり指導したりすることも大切です。

教職初任の年は、中学二年担任でした。子どもたちに日記を書かせ、赤ペンで対話しました。その時、学級指導に行き詰まったら日記を書かせようと思ったことを覚えています。

その日記よりも簡単で学習内容や家庭生活もチェックできる「生活カード」の存在を、鏡中の前の勤務校である氷川中で知りました。そこでも実践したのですが、その後の勤務校である鏡中、坂本中では徹底的に活用し実践しました。そのお陰で生徒たちの学力も目に見えて伸びていきました。

例えば、坂本中へ入学した時、ほとんどの教科が五段階評価で最低の女の子がいました。一年生の時、私は担任ではなく国語を教えただけでしたが、毎時間漢字の十問テストをし、漢字練習の仕方を教えました。一ヶ月後にはその女の子も漢字テストで毎回満点近く取れるようになりました。二、三年の時は担任でした。二年生の頃は一日約三十分の家庭学習でしたが、毎日やっていました。三年生になったら一時間以上やれるようになりました。

進路希望は看護師でした。三年生で各教科の五段階評価の平均点が三・二以上だったら推薦入学できる看護科を持った学校があり、そこへ進学していきました。希望が叶った喜びは大変なものでした。「生活カード」のお陰でしょう。

その生徒たちが卒業した年に、私も三十六年間の教師生活を終えました。三月三十一日退任式の時、何人かの子どもたちが花束を持ってきていました。それを知ったその女の子は、学校から二十キロも離れた私の家まで叔母さんと一緒に花束を持ってきてくれたのです。両親はその子が四年生の時、交通事故で亡くなっていました。私は、切ない気持ちで受け取りました。忘れられない花束の一つです。

二十歳になった年の正月三日、成人式の時は着物姿で来ていました。高等看護科へ進み、看護師になりました。温和《おとな》しく心優しい子でしたので、素晴らしい看護師になっていることでしょう。

忘れられない花束と言えば、退職の時に、以前勤めていた鏡中での教え子で、福岡県に住んでいる二人の子から宅配便で送られてきたこともありました。その花束には次のようなメッセージが添えられていました。

「長い間ご苦労様でした。私たちが鏡中を卒業して早いもので十二年になります。あの頃の先生の〝ぞうり〟履きの姿がとても懐かしいです。これからは第二の人生をのんびりとお過ごし下さい」

とありました。一人は中学一・三年の時に担任した女子学級委員で、悪ガキのズボンを縫った子です。スチュワーデスになった後、結婚していました。もう一人は福祉関係の仕事に就いていている女の子でした。

その他にも、次のような事例があります。

私が最後の坂本中で受け持ったクラスは三十六名でした。十二月の進路を決める三者面談で、八名の生徒が「八代高専を受験する」と言い出しました。

「受験料が一万円もするからもったいない」

と言いましたが、やはり「受験する」と言うのです。結局、そのまま八名受けて、六名が合格しました。

私のクラスにはその他にも、もし受験すれば八代高専に合格するだろうと思われる生徒たちが四、五名はいました。

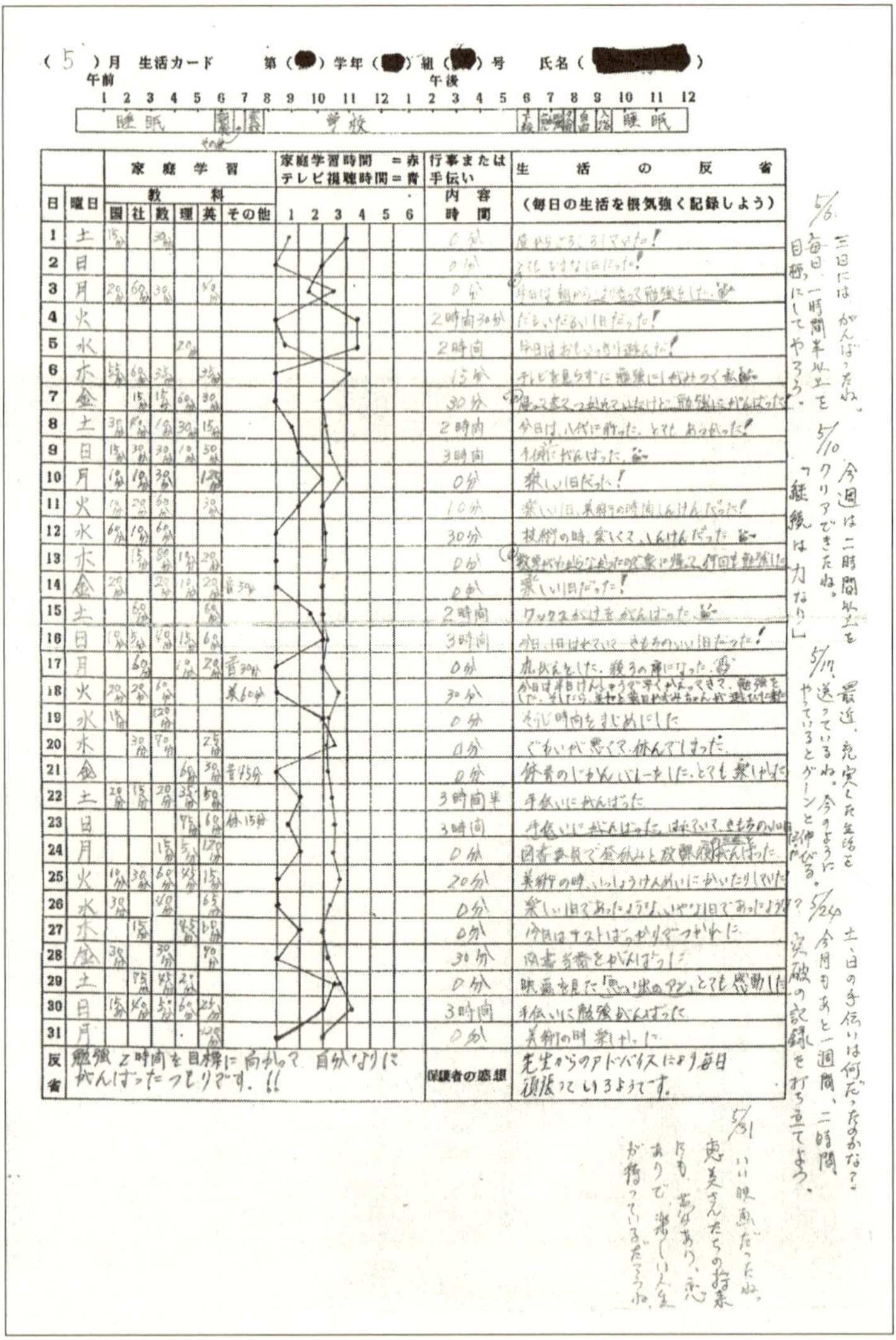

(5)月　生活カード　第([redacted])学年([redacted])組([redacted])号　氏名([redacted])

午前 1 2 3 4 5 6 7 8 9 10 11 12　午後 1 2 3 4 5 6 7 8 9 10 11 12

睡眠｜学校｜睡眠

日	曜日	家庭学習 教科 国	社	数	理	英	その他	家庭学習時間＝赤 テレビ視聴時間＝青 1 2 3 4 5 6	行事または手伝い 内容 時間	生活の反省（毎日の生活を根気強く記録しよう）
1	土	15分		30分					0分	朝からごろごろしていた！
2	日								0分	とてもひまな1日だった！
3	月	20分	60分	30分		50分			0分	今日は朝からはりきって勉強をした。
4	火								2時間30分	だるいだるい1日だった！
5	水				20分				2時間	今日はおもいっきり遊んだ！
6	木	45分	60分	35分		35分			15分	テレビを見らずに勉強にしがみつく私
7	金		15分	15分	60分	30分			30分	帰って来てつかれていたけど、勉強にがんばった
8	土	30分	60分	10分	30分	15分			2時間	今日は、八代に行った。とてもあつかった！
9	日	15分	30分	30分	10分	50分			3時間	手伝いにがんばった。
10	月	10分	10分	30分		120分			0分	楽しい1日だった！
11	火	15分	20分	60分		30分			10分	楽しい1日。美術の時間しんけんだった！
12	水	60分	10分	60分					30分	技術の時、楽しくて、しんけんだった
13	木		15分	80分	15分	20分			0分	数学がわからなかったので家に帰って、何回も勉強した
14	金	20分		20分	10分	20分	音50分		0分	楽しい1日だった！
15	土		60分			60分			2時間	ワックスかけをがんばった。
16	日	10分	5分	40分	15分	60分			3時間	今日1日はれていてきもちのいい1日だった！
17	月		60分		10分	20分	音30分		0分	席がえをした。後ろの席になった。
18	火	20分	20分	60分			美60分		30分	今日は半日けんしゅうで早くかえってきて、勉強をした。そしたら、[illegible]ちゃんが遊びに来た
19	水	15分		120分					0分	そうじ時間をまじめにした
20	木		30分	70分		25分			0分	ぐあいが悪くて、休んでしまった。
21	金				60分	30分	音45分		0分	体育の[illegible]をした。とても楽しかった
22	土	20分	15分	20分	35分	50分			3時間半	手伝いにがんばった
23	日				75分	60分	体15分		3時間	手伝いにがんばった。はれていて、きもちのいい1日
24	月			15分	5分	120分			0分	図書委員で昼休みと放課後がんばった。
25	火	10分	30分	60分	45分	15分			20分	美術の時、いっしょうけんめいにかいたりしていた
26	水	30分		40分		65分			0分	楽しい1日であったような、いやな1日であったような？
27	木		15分		45分	60分			0分	今日はテストばっかりでつかれた。
28	金	30分		30分		90分			30分	図書当番をがんばった
29	土		75分	45分	25分				0分	映画を見た「思い出のアン」とても感動した
30	日	15分	40分	55分	60分	25分			3時間	手伝いに勉強がんばった
31	月					120分			0分	美術の時楽しかった。

反省：勉強2時間を目標に向かって自分なりにがんばったつもりです。!!

保護者の感想：先生からのアドバイスにより毎日頑張っているようです。

5/6　三日にはがんばったね。毎日一時間半以上を目標にしてやろう。

5/10　今週は二時間以上をクリアできたね。「継続は力なり」

5/17　最近、充実した生活を送っているね。今のようにやっているとグーンと伸びる。

5/24　土、日の手伝いは何だったのかな？　今月もあと一週間、二時間突破の記録を打ち立てよう。

5/31　いい映画だったね。恵美さんたちの将来にも、苦労あり、恋ありで楽しい人生が待っているだろうね。

例えば、二百五十点満点の模擬テストや定期テストでいつも二百点ほど取っていた子は、三者面談の時、私が「どこでも大丈夫ですよ」と言いますと、面談へ来ておられた父親が、「うちの子は、八代工業高校の電気科へ行って九州電力へ勤め、魚釣りをしたいそうです」と言われ、その通りの進路を取りました。高校卒業後、九州電力の牛深営業所に勤めました。その子はもちろん合格したでしょうし、高校卒業後に国立大学へ進んだ三名の子どもたち、その子たち以外にも八代高専に合格しそうな子どもたちがいました。

こんなに学力が伸びたのは、「生活カード」で一人ひとりの家庭学習の実態を知り、一人ひとりへアドバイスできたからかもしれません。アドバイスというよりも、一人ひとりの家庭学習を認め、子どもたちと赤ペンで対話し、人間関係を深めていったゆえかもしれません。その「生活カード」の一例を掲載しました。

授業保障カード

病気や事故で欠席する生徒がいます。欠席した生徒のいちばんの不安は、「今日、学校ではどんな勉強をしたのだろうか?」

ということではないでしょうか。そんな不安を解消するために考え出したのが「授業保障カード」です。一日の授業と連絡事項を簡単に書けるように画用紙に枠を作り、その画用紙を短冊状に切って教室に備えておきます。欠席した生徒がいたら、学習係がその日の授業内容と連絡事項を書いてその生徒の近くに住んでいる者に頼むのです。誰のを誰が持って行くかは前もって決め、一覧表にしておきます。学習係はその表を見て頼めばいいのです。

足を骨折して三週間ばかり欠席した生徒がいました。病院へお見舞いに行きましたら、「先生、数学はみんなより先をやっています」と言う。クラスメイトが毎日、授業保障カードを家へ届け、それをその子の兄が毎日病院へ持っていっていたのです。それを見てその子は、自分なりに勉強していたのです。

鏡中に勤めていた先生が八代市内の中学校へ転任し、私と会った時、「八代の中学校でも授業保障カードを利用させてもらっています」と話しておられました。私が鏡中で学級会の係をしている時、全学級へ「授業保障カード」を配っていたからでしょう。

チャイム席

夏の高校野球で甲子園へ出場する常連校があります。そんな学校へは、日本全国から選手が集まってきます。ところが、それまで有名でもなかった学校が突然出場し始めることがあります。自分の学校へ入ってきた野球好きな少年だけを集めて、強い野球部を育てていく指導者がいます。そんな指導者は、子どもたちの心をつかむのが上手いようです。野球の技術だけでなく、野球へ取り組む姿勢や心構えも指導しているようです。

授業でも、それと同じことが言えるのではないでしょうか。生徒がどんな心構えで授業に取り組むか？　その心構え次第で授業の成果が変わる。野球も授業も同じなのです。私は、授業を受ける心構えの一つとして「チャイム席」のことを話していました。

学年初めの担任の話で、自己紹介の後、私が必ず話していたことがいくつかあります。掃除やチャイム席、学力のこと、家庭学習についてなどでした。私がなぜ、チャイム席について子どもたちに話していたのか？　そのわけを説明したいと思います。

授業始まりのチャイムが鳴っても、教室の中はわいわいがやがやと騒いでいる。先生が来られてもわからずに騒いでいる。そんな雰囲気、気持ちのままで授業が始まっても、実りある授業にはなりません。

授業への心構えをつくる一つとして「起立」「気をつけ」「礼」というひとつのパターンがあります。私はそれに加えて、「チャイムが鳴ったら席に着いているようにしよう」、そして「先生が教室の入り口へ来られたら、全員起立して待つようにしよう」、「生徒自身が授業への期待を示して先生を迎えるようにしよう」と呼びかけていました。

生徒がそんな心構えで授業に取り組むようになると先生も教えやすいし、生徒もぐんぐん力をつけていきます。

鏡中へ行った最初の年に一年生を担任し、そんな話をしていましたので「掃除」をどうにかしたいという学級会の時、四つの点検項目の一つに、その「チャイム席」を入れたのでしょう。学級全体がそんな雰囲気でしたから、助け合い学習もうまくいったのでしょう。授業への心構えだけでなく、学級づくりの一つとしてもチャイム席は有効だったと思います。

熊本市の錦ヶ丘中学校では、チャイム席よりももっと進んだ「ノーチャイム制」を、一九六七年の創立当時から続けているそうです。始業の二分前になると、談笑したり廊下に出たりしていた生徒たちは席に着き、教科書やノートを準備し始める。「二分前着席」を実践しているのだそうです。常に時計を気にすることで、事前に行動することが身につく。もちろん、先生方も始業時刻より前に教壇に上がる。こんなふうにすることで「自主自立の精神」が培われることになります。チャイムがない代わりに、校内の至るところに時計が置かれているのだそうです。

このノーチャイム制は創立以来四十年以上も続けられ、錦ヶ丘中学校の伝統になっているそうです。

希望校への受験

子どもの進路を決める時、担任としても学年主任としてもいちばん大切にしていたことは、子ども自身や親の希望する学校を受験させることです。

私が小学生の頃、裁縫をしている母のそばに寝転んでいた私に、悔しそうで悲しそうな顔をしながら母が話したことを忘れることができません。

私の生まれ故郷は、九州山脈の山懐に抱かれた山村です。第二次世界大戦前には、車の通る道もなく静かな村でした。その頃は、小学校六年を卒業すると女の子はそのまま子守奉公に出され、男の子は百姓家の手伝いに出されたりしていました。貧しい村でしたので、小学校卒業後二年間の高等科にさえ出してもらえない者も多かったのです。

その頃進学と言えば、二十キロ離れた八代市に旧制中学校と女学校が一つずつありました。村の小学校から中学校や女学校へ行く者はほとんどいません。しかし母は、自分の長男を中学校へやろうと心に決めていました。自分は小学校六年までしか出ていないけれど、息子は進学させようと思っていました。それが母の夢でした。長男が六年生になった時、担任の先生へ「中学校へ行きます」と言ったのです。すると担任の先生は、「お前がか！」と言われたというのです。この言葉は、本人はもちろん、母にも相当のショックでした。一生忘れられない出来事となってしまったのです。

教師になった私は、この時の母の悔しさをいつも胸にしまっていました。どんな子へも夢を語らせ、希望を持たせようと心がけました。

そんな私が高校進学指導の際、ショッキングな場面に出会い、何の手助けもできなかったことがあります。

中学三年生の十二月になると進路を決めねばなりません。三者面談といって保護者と生徒、それに担任の三者で話し合って進路を決めるのです。一人の人間の将来を決める大切な話し合いです。子どもも親も真剣です。もちろん教師も、その子のことを精一杯考えます。

鏡中で三年間持ち上がった子どもたちの三者面談を図書室で、六クラスが同じ部屋で行うことになりました。八代地区には三つの公立普通高校があり、AランクとBランクに分かれていました。その面談中のことです。突然、部屋中に聞こえるような大きな声で、

「お前が、A高校に受かるものか！」

という声が聞こえてきたのです。私は、びくっとしてそちらを見ました。母親と女の子が担任の前で小さくなって座っておられます。私の目の前には私のクラスの親と子が座っています。それに、同じ立場にある一人の担任である私が、他のクラスのことに口を挟むことなどできません。結局その親子は、Bランクの高校に決めて帰って行かれました。

このことは、その親子にとって一生忘れられない心の傷となったことでしょう。後で、その女の子の成績を調べてみました。確かに模擬テストの結果ではA高校の合格ラインに十数点足りません。しかし、高校入試まではまだ二ヶ月以上もあるのです。本人の努力次第では合格も可能です。頭ごなしに「受かるものか」など言うべきではありません。

その年の私のクラスに、模擬テストの結果ではA高校に三十点ほど足りない男の子がいました。三者面談に来られた父親と相談してA高校を受験させました。もちろん落ちた時のために私立高校を受験させて。するとその子はA高校に合格したのです。高校二年生の時、その子の母親と会いましたら、「四百五十名ほどの中で百番以内に入っていました」と喜んで話されました。高校卒業時には、関東地区のT国立大へ進学しました。中学時代最後の努力がその子に自信を与えたのでしょう。

こんなことに出合うと、人間の能力とは何だろうと考えてしまいます。一人の人間の能力の芽を中学段階で摘んでしまってはいけないのです。

Ⅱ　子どもに寄り添った指導
坂本中学校での実践

授業中にうろつく生徒たち

鏡中で八年間勤め、退職まで残り六年となりました。最後の勤務地は郷里の中学校にしたいと思っていました。念願が叶って生まれ故郷・八代郡坂本村の坂本中学校勤務となりました。今住んでいる家から二十キロを超える道のり、車で三十分。しかし、毎日通勤する道は子どもの頃から慣れ親しんだ景色ですので、楽しい道のりでした。日本三大急流の一つである球磨川沿いに国道があり、対岸を高校三年間通った鉄道線路が走っています。

一年生から持ち上がるのが夢でしたが、いきなり二年生三クラスの学年主任を命じられました。教科指導では、二年生と三年生の国語を教えました。

二年生は授業にも積極的に取り組んでいましたが、三年生はとんでもない学年でした。

これまでの教師生活で出会ったことのない生徒たちでした。

なにしろ、授業中に突然立ち上がって歩き回るのです。注意すると、悪びれることもなくにやにや笑っている。何回注意しても変わらない。そこで、「この田舎者！」と言うと「先生は？」と言い返す。私も坂本村出身なのでそれを意識して田舎者と言ったのですが、こんなことには的確な答えが返ってくる。しかし、授業中は教師を無視した態度を見せるのです。そんな態度を見せながら、テストをすると案外な点数を取る。教師を拒否してはいるが、授業は拒否していない。反抗的な態度を示しながら、自分を捨ててはいない。

なぜ教師に対してそんな態度を取るようになったのか？　その学年を知っている先生の話によると、一年生の時に教師に裏切られたからだとのことでした。どんなことだったのかは知りません。よほど苦々しいことがあったのでしょう。

夏休み前に、二学期に行われる体育祭についての職員会議がありました。以前勤めていた鏡中では体育祭を生徒会が中心となって行っていました。そこで、

「坂本中でも生徒会にやらせてみては？」

と提案しました。すると、以前からおられて三年生の担任をしている若い男の先生が、

「うちの子どもたちには、できないでしょう」

と言われました。

確かに授業中の態度を見ていると、彼らにやらせるのは至難の業でしょう。しかし、彼ら自身が何かを自分たちの手で成就し、彼らに達成感を味わわせれば、何かが変わるのではないだろうか？　そう思った私は、

「できるかできないかは、やらせてみなければわからないでしょう」

と反論し、生徒会に行わせることになりました。

その年は、二年生担当の先生が生徒会の係をしていました。私は、生徒会担当の先生へ鏡中での取り組みの資料を渡し、そのやり方を説明しました。

鏡中では、一年生から三年生までを縦割りにして三つの団（グループ）に分けていました。その団のリーダーは、三年生。生徒会と体育委員会が一緒になって体育祭の全体計画から練習計画まで作り、職員会に諮った後、活動に入ります。

秋に体育祭がある時は、一学期のうちに全体計画と組織を作ります。

種目担当の係や各団のリーダーは夏休みの間に種目や応援の練習をします。二学期になり体育祭の練習が始まりますと、生徒会役員と体育委員長が全体計画に沿って毎日の練習計画を立てます。リーダーの活動、生徒全体の活動、各団の活動を分刻みに綿密に作り、

プリントして練習の朝の職員会に諮って活動に入ります。晴天の場合と雨天の場合との両方を作っておきます。

　そんな鏡中の資料を基に坂本中でも体育祭への取り組みが始まりました。夏休み前に全体計画と組織が決まりますので、各団のリーダーは夏休みに集まって応援の振り付けを考え、練習に入ります。二学期には自分の団員たちへ教えねばならないし、各団対抗ですので真剣です。他の団にわからないように秘密の練習です。教師も各団に割り振ってありますが、二学期の練習が始まるまで先生方も応援の内容を知りません。

　二学期になると生徒会、体育委員会と各団のリーダーたちが中心になって、練習計画に沿って練習を始めます。

　まず、生徒会長の挨拶と練習日程の説明から始まり、体育委員長による準備体操、各種目の練習、各団の応援練習など自分たちの手でやっていきます。生徒会担当の先生と体育主任の先生が見守っているだけで、他の先生方は運動場の草取りなんかをしながら見守っています。夏休み後の運動場は草ぼうぼうです。そこで、体育祭練習計画の中に草取りの時間も設定し、団ごとに割り振って草取りをします。その草取り具合を団対抗の点数に入れたりしながらの活動です。そんな活動のお陰で体育祭前にはきれいな運動場になっています。

とんでもない生徒たちのいる三年生を中心とした生徒自身の手による体育祭への取り組みは、大成功でした。授業中に勝手に歩き回っていた生徒の一人は、応援団長として活躍しました。体育祭が終わり、運動場での団ごとの解団式の時は、三年生みんなが涙を流していました。見ている私たちも感無量でした。

それから後の体育祭は、毎年生徒会を中心としたものとなりました。生徒たちの中学生活の中で最も印象に残る行事の一つとなったのです。

もちろん、そんな活動を自分たちの手で行った生徒たちには自信が生まれ、生徒会活動や委員会活動も活発になっていきます。後は、各委員会顧問教師のアイディアとアドバイス、生徒会や各部委員会から出された課題に各クラスがどう取り組むかです。

困った教師

坂本中へ赴任した年に二年生の主任となり、そのまま三年生の主任へ持ち上がり卒業させました。それぞれの担任の先生方がアイディアを出し合い、学級活動や学年としての活

坂本中学校時代の沖縄職員旅行（左端が筆者）

動も活発に行われました。学年所属の教師だけで学年旅行もしました。誰かが山陰京都旅行のパンフレットを探してきて提案し、そこへ行くことになりました。鳥取砂丘や天橋立、比叡山や嵐山等へも行きました。和気藹々《わきあいあい》と楽しい旅でした。

職員旅行といえば、坂本中に赴任した年は沖縄旅行でした。夏休み中の旅行でしたが職員の半分以上が参加。

鹿児島の指宿《いぶすき》旅行もしました。開聞岳へ登ろうと出かけたのですが、雨のために断念。この時の幹事は私だったのですが、ホテルの会計へ宿泊料の精算に行きましたら、ホテルのフロントの人から「最近珍しいくらい仲の良い先生方ですね」と言われました。

坂本中では三年目に、二年生の学年主任をしながら担任を持つことになりました。担任をしないと教師としての面白みがありません。やり甲斐がありません。少し無理を言って担任までさせていただきました。ここでやっと鏡中で実践してきたことを坂本中でも行えるようになったのです。

二年三組の担任となりました。学級の組織作りから始め、掃除への取り組み、学級運営委員会の活動、生活カードと取り組んでいきました。二年生は全部で三学級あり、他の二学級の担任は、新卒の女先生と三十過ぎの男の先生でした。一学期中間テストの結果が出たところで、私は他の学級の先生方に提案しました。

「私のクラスでは生活カードを書かせて、家庭学習の指導をやっています。他のクラスでもやってみませんか？」

と言いましたら、即座に男の先生が、

「わしは、やりません」

とのこと。新卒の女先生には生活カードのやり方を説明し実践してもらいましたが、その男の先生のクラスでは行われませんでした。

その結果は、期末テストにはっきり出てきました。その先生は学級会活動のやり方も知らないので、まとまりもありません。だんだんと退廃的なクラスになっていきます。何も知らないのに、変な自信だけは持っています。生徒が悪くなっていくのを生徒自身のせいにし、担任の自分とは無関係なことだと思っています。本当に困った教師です。

この「困った教師」が持ち上がった生徒たちの進路状況は、散々でした。

二年生の時は私のクラスにいて学年でもトップになったことのある女の子が、八代市内の県立A高校に落ちました。A高校を受験した生徒の半分近くが合格しませんでした。A高校ばかりでなく、全体的に散々な進路状況でした。それでもこの教師は、悪いのは生徒、自分には責任はないと思っていたようです。しかし、生徒たちに学級会活動や係活動もさせず、生活カードなどの手だてもきちんと実践しなかった結果がそんな状況を招いたのは明白です。

一学期も終わりになった頃、私は廊下を歩いていて転ぶようになりました。足を上げたつもりが上がらずに、つまずいて転ぶのです。手の握力も弱くなり、ご飯を食べていて箸を落とすようになりました。八代市の労災病院で診察してもらいましたら、握力も二十ぐらいに落ちていました。私は握力には自信があり、普通六十近くありました。子どもの頃、川舟で荷物を運ぶ父を手伝って竿で舟を操っていたゆえでしょうか。高校時代には、握力は七十以上もあったのです。

大学へ入った時は体育専攻で体操をやっていました。九州インターカレッジでは、長崎大会や宮崎大会へも参加しました。しかし、二年生の夏休みにマットで後方回転の連続をしている時、頭から落ちて首の骨を痛め一年間休学することになったのでした。落ちた時は気を失い、気づいた時はマットの上に横になっていました。起きようとしても手足がいうことをききません。しばらくして歩けるようにはなったのですが、両手はしびれ、風が当たるとじんじん痛いのです。大学病院へタクシーで行って診察室で担当の医師に事情を説明しましたら、即ベッドに横にされ、首が動かないように砂袋で固定されました。その後ベッドを少し斜めにして三キログラムの錘《おもり》で首から上を牽引された生活となったのです。

首の五頸椎と六頸椎の間の頸髄が損傷していました。退院の時、大学病院の先生から「五十過ぎたら、後遺症が出てくるかもしれません」と言われたのですが、その後遺症が出てきたのでしょう。若い時には筋肉が頸椎を押し上げていて神経を圧迫しなかったのですが、筋肉が衰えたために神経を圧迫することになったのでしょう。結局、五ヶ月間勤めを休み療養することになりました。

十二月から職場へ復帰しました。三月まで担任をしましたが、三年生になる時は健康に自信がなかったので三年生の担任をはずしてもらい、一年生の学年主任になりました。

山村で過疎化が激しくて、一年生は七十一名、二クラスでした。私は、一年生二クラスの国語と一クラスの英語を教えました。英語は二十八時間なのに英語担当教師は一人だったのです。一年生の英語は、私と教頭（専門は体育）が教えました。教頭先生は、前の勤務校で英語指導の経験があり、実績もありました。昼休みや放課後まで使って徹底的に指導される先生でした。私は私なりの指導をしました。英語は三年生まで私と教頭先生の二人で持ち上がりました。

再び担任に

二年生になる時、私は再び担任を受け持つことを希望しました。自分なりの学級指導をやりたかったからです。退職まであと二年、この学年の生徒と一緒の卒業です。学年主任を兼ねながらの担任でした。これまでの集大成だと思って学年経営、学級指導、教科指導に当たりました。

もう一クラスの担任は、経験豊かな女の先生。それに、副担任として三十代の体育の男先生がおられ、三人で二年生を受け持つことになりました。

私のやり方で学級経営に当たりました。日直が行う朝の短学活では出席係が出欠状況を調べ、保健係が健康状態をチェックし、学習係が生活カードを集める。そんな活動から一日が始まります。帰りの学活では、各係からの諸連絡や各班の生活状況の報告、担任からの話などがあります。その後、日直は塵くずを捨て、教室の窓を閉め、日直日誌を持って職員室の担任のところへやって来ます。そして、担任と数分間話をして帰ります。毎日が教育相談の日です。長学活の時には前もって学級運営委員会をし、自主的に学級会を運営します。学校行事への取り組みも、生徒たちは自主的・主体的に行います。このような毎日の地道な活動を行っていきます。

また、保護者との連携のために毎週、学級便りを届けます。相棒の女先生や副担任の男先生と協力していましたので、学級便りを出すのも楽なものでした。

その頃行われ始めた総合学習も、いろいろ実践しました。近くに素晴らしい山があるのですが、そこへ登ったことのある生徒はほとんどいません。そこで、私から話を切り出して学年で登ることにしました。

当日は朝から小雨が降っていましたが、学校を出発しました。ほとんど濡れないような雨でした。「雨が降ってるからやめましょう」などと言っている子もいます。登りたくないのは見え見えです。二時間足らずで登れる標高五百メートルほどの山です。山間部で暮らしていながら、山へ登った経験のある子はほとんどいません。かなりきつそうです。しかし、中学二年生ですから体力はあります。全員無事に登頂しました。

頂上へ着いた時には空は晴れ、雨上がりで空気は澄み、すがすがしいそよ風が吹いています。目の前に八代海が開け、天草の島々が浮かんでいます。細長く横たわった三角《みすみ》半島の手前に不知火《しらぬい》海と八代平野が箱庭のようです。その向こうには悠然とした雲仙の姿が見えます。有明海も見えます。熊本全域へ映像を送っている金峰山も見えます。海の反対側には九州連峰が幾重にも連なり、足の下には球磨《くま》川が曲がりくねりながら八代海へ流れ込んでいます。自分たちの故郷である坂本村全体の様子がはっきりわかります。

この情景には、生徒みんなが感動しました。「子どもが生まれたら八竜山へ連れてこよう」と言っている子もいました。卒業文集で「八竜山への山登りは、楽しかった」と、二年生での登山のことを書いている子が何人もいました。

正月明けには、百人一首大会もしました。冬休み前に百人一首を書いたプリントを与えていましたので、相当覚えている子もいました。百人一首大会は一年生の時から三年間行いました。四、五名のグループごとの対戦。歌は、私と相棒の女先生が詠み上げました。

保育園での体験実習もしましたし、職場体験活動もいろいろやりました。身近な所に職業のない地域ですから、職業や産業への理解を深めるような学習に力を入れました。

一年生の時から担任してこられた相棒の女先生が、三年生の担任になる前、学校長から来年は異動してくれと言われたそうです。県異動細則の限度である七年にはなっていないのに。その女先生の専門教科は家庭科だったのですが、学校長の息のかかった技術科の男先生を入れる心積もりだったようです。

それを耳にした私は、ひとりで坂本村教育委員会へ行き、教育長へ女先生を三年生まで一緒に担任させていただくようお願いしました。女先生は一年生から受け持ち、生徒の気心も知っておられたし、生徒のために頑張ってもおられました。それで、三年生まで一緒の方が子どもたちにも良いと思ったからです。

その後、職員朝会の時、学校長から、

「異動については校長の頭越しにはしないように」

と言われました。

しかし、その女先生が三年生まで受け持たれ、生徒のためには最良だったと思います。

不登校の子

七十一名の生徒の中に不登校の子が二名いました。男女一名ずつでした。男の子は小学三年生の頃から不登校が始まり、女の子は五年生から始まったのだそうです。

一年生に入学後、しばらくして男の子が休み始めました。担任の女先生と私でその子の家を訪れました。「ごめんください」と声をかけて家へ入ると、お母さんが怯《おび》えた硬い表情です。私は、不登校のことは話さずに世間話から始めました。農業をしておられましたので、畑のことや作物のことなどを聞きました。不登校のことについては聞かなかったのですが、しばらくすると、お母さんの方から話し出されました。

小学校三年生の時に学校を欠席するようになったこと。ある日、校長先生と担任の先生が来られてひどく叱られたこと。それ以後、学校の先生が家へ来られるのが怖くなったと

笑って話されました。小学校の校長たちは、不登校の子の親を責めて子どもを登校させようとしたらしいのです。私は、

「今日は、私たちはお父さんやお母さんと仲良くなるために来ただけです。登校のことは、本人が学校へ来られるようになるまで気長に待ちましょう」

と言いました。すると、母親が二階にいた男の子に声をかけて呼び寄せられました。その後は、本人も交えての話になりました。男の子はかしこまって座っていました。訥弁《とつべん》ではありましたが、尋ねたことへははっきりと答えていました。

その子は私たちが訪ねていった翌日から登校し始め、一学期はずっと学校へやって来ました。ところが、夏休みが終わって二学期になったら、また不登校が始まりました。

そんなある日、日教組の八代支部が中心になって不登校パネルディスカッションが開かれることになりました。そのことを連絡しましたら、夜にもかかわらず両親揃ってやって来られました。私も二人の隣で聞きながら、わかりにくいところや要点を説明しました。子どもの不登校のことでは、相当悩んでおられました。

二年生でも、女先生のクラスでした。ほとんど学校へは来ませんでした。

三年生になって、不登校の子二人とも私のクラスになりました。学年当初の家庭訪問で

男の子の家を訪れ、私は男の子と両親へ言いました。

「今年は、学校へ行こうと思わなくていいですよ。その代わり、家での学習計画を立てましょう」

三者で話しているうちに、午前中は勉強して午後は農業の手伝いをすることになりました。高校進学のことを尋ねましたら、公立高校へ行きたいと言う。公立高校は入学試験と内申点で合格が決まります。そこで、中間テストと期末テストだけは受けに来る約束をしました。保健室か校長室で試験を受けられるよう相談してみましょうと言って帰りました。

学校長の協力で、三年生の定期テストはすべて校長室で受けることができました。家庭での学習は「授業保障カード」で毎時間の教科の進度を知らせましたので、自分で勉強できました。定期試験の結果も、学年で中以上の成績でした。

いよいよ進学する高校を決める時を迎えました。私は、熊本県中学校進路部会が編集し発行している熊本県の公立・私立高校案内の本を家へ持っていって渡し、

「この中から、君が行きたい高校を選んでおきなさい」

と言って帰りました。自分の家から通う学校へは行きたくないと言っていたからです。不登校の原因もそこらあたりにあったのでしょう。結局、天草の普通高校を選んできまし

た。入学試験の時は両親が連れて行かれ、海辺で眺めの良いところでしたと喜んで話されました。

その後、この男の子は高校を卒業し、大分の私立大学へ進学しました。中学校の卒業文集に将来の夢を「考古学者」と書いていました。その夢の通り、別府大学の考古学関係の学部へ進学しました。

女の子は、二年生からの担任でした。家から中学校まで三キロほどの道のり、国道から二キロ近く山の方へ入り込んだところでした。

二年生担任の時のかかわりは「欠席生徒への対応記録」に記録されています。内容は（1）指導内容・連絡事項等、（2）生徒の様子・反応、の二項目です。

二年生担任の時私は、一学期に十回、二学期に十九回、家庭訪問しています。家へ行くと制服に着替えて待っていることもあり、そんな時は学校まで車で一緒にやって来ました。しかし、教室まで入れずに保健室で過ごすことも多くありました。制服姿で入り口にしゃがみ込んで下を向いている時もありました。母親は「昨夜は、教室まで行くと張り切っていたのに」と言う。そんな時は、無理しないように指導して帰りました。

二年生の三学期も、三年生になってからも、このような状態が続きました。

それでも何とか中学校を卒業して八代市内に就職しました。最初は小さな縫製関係の会社に入ったのですが、三ヶ月ほどで倒産し、コンビニエンスストアに勤めたりしています。

不登校の子に対して二通りの接し方をしましたが、女の子への接し方は功を奏しませんでした。その子に徹底的にかかわっても、二年間かかわっても、解決できませんでした。男の子へ対したように無理に登校を促さず、家庭での学習の仕方を考えさせた方が良かったようです。「授業保障カード」は、大変役に立ちました。

不思議なことに勤め始めの頃は、不登校の子はいませんでした。最初の四つの中学校では、経験したことがありません。もちろん、山の小学校の分校でも。勤めてから十六年間は不登校の子はいなかった。後半になって、それぞれの学校で経験しました。

不登校にもいろいろな種類があるようです。ある生徒は、小学校の頃は児童会長をしていたのに、中学二年になって不登校になりました。運動能力も抜群でした。本人の意気込みも凄かったし、親の期待も強かった。しかし、突然不登校になったのです。

なぜなのだろうかと悩みました。小学生の時から友達だった近所の子へ誘いを頼んだり、私も家まで何回も行きました。不登校になって親の期待も薄らぎ、本人も楽になったのでしょうか、しばらくして登校するようになりました。いわゆる「優等生の息切れ」状態だったのかもしれません。

その他にも、自閉症の子が学校へ来なくなったこともあります。その子は、いつも世話をしてくれる子がいて、その子が朝から迎えに行ったり、クラスでも相手になってくれたりしてやっと学校へ通っているという状態でした。世話をしてくれる子へは私から、自閉症という病気について説明していました。

不登校の子に対して、強圧的なやり方は絶対してはいけません。威力で学校へ来させようとしてはいけません。男の子の小学校三年生時の担任や学校長のやり方がその証です。

いじめられっ子

私のクラスにいじめられっ子が男女一人ずついました。小学校の時に相当いじめられたようです。中学生になっても、それが後を引いていました。

その子どもたちは、休み時間になると職員室の私のところへやって来ます。話しかけてきます。私はどんなに忙しくても相手をしました。男の子は、昼食後に畳の間で横になっている私のところへ来たこともありました。それでも相手をしました。

　私がそんなふうに子どもと接していた坂本中にも、職員室に権威を持たせるつもりか、職員室へ入る時は大きな声で許しを得てから入るようにと指導する若い男の先生がいました。その態度が悪いと思ったら、何度もやり直させていました。職員室に対してだけでなく、教師への権威づけの気持ちもあったようです。こんなやり方は、教師の側からの思考であり、子どもを中心に据えたやり方ではありません。

　二年生になると、女の子には仲の良い友達ができました。すると、職員室へ来なくなりました。男の子には三年生になるまで友達ができませんでした。

　二年生の時、その二人とは別の男の子ですが、家庭訪問した時、小学生時代はいじめられて傷が絶えなかった。身体が小さかったのでよくいじめられたと母親が話されました。

　いじめられっ子は、誰か話し相手がいないと救われません。子どもは残酷です。身体が小さかったり、温和しかったりする子はいじめられます。小学校、中学校でいじめられっぱなしだった子が、大人になっても引きこもり状態になっていることもあります。今、社会問題になっている大人の引きこもりですが、小・中学生の頃いじめられていた人も多いようです。

教師がいかに対応するかによって、その人の将来が左右されます。いじめられる子へは威を以《もっ》て当たらず、寄り添うことが大切です。教師が知らないところでいじめは起こっています。教師は絶えずアンテナを張り、そんな子がいることに気づかねばなりません。支えねばなりません。話し相手になって話を聞いてあげねばならぬのです。職員室でもかまわないのです。

キッス事件

三年生の主任をしながら三年生の担任をしていた時のことです。

朝の職員会で、

「今から生徒指導の臨時職員会をしますから、朝の学活を済ませて職員室へ集まってください」

と言われました。緊急の生徒指導とは、どんな事件があったのだろう？　と思いながら職員室へ集まりました。生徒へは静かに自習しているように伝えて。

いつもは教頭先生が、放課後生徒が帰った後、校舎全体を見回って戸締まりをされます。

ところが、休日に坂本中でバドミントンの八代郡新人戦があった日、教頭先生が不在で学校長が回られたのだそうです。午後三時には、すべての試合が済んで、みんないなくなりました。そこで学校長が三時頃戸締まりをして回られたのだそうです。

「教室棟へ入ったら、廊下で三年生の男女が抱き合っていた。パッと離れたが、キッスをしていたようだった」

と言われるのです。そして、

「学校でこんなことは許せない。学校からの下校時に手をつないで帰っていたこともある。用もないのに女の子は、男の子の部活が終わるまで待っていて一緒に帰っている」

……云々。学校長が一人でまくし立てるのでした。

その後、生徒指導主任が、対処療法的な試案をB5用紙一枚にプリントしたものを配られました。それは管理的なもので、そのまま実行に移せば、生徒たちが教師へ背を向けるようになるのは目に見えています。私は反対意見を言ったのですが、原案通り承認されました。わずか三十分ほどの話し合いで実行に移すことになったのです。

一年部と二年部は、その日のうちに学年集会を開きました。

私たち三年部は、学校長が見たということの実態を本人たちから聞いたり、現在の男女交際の実態を集約した後で対策を講じようと思っていました。そこでその日、抱き合っていたという男の子を呼んで、担任と学年主任の私でその実情を尋ねました。

　その子が言うには、

「教室にも数人いたし、自分たちは廊下に座って話していました。校長先生が来られたのであわてて立ち上がりました」

　ということでした。確かに校長先生が来られたのに座ったままで迎える方が、ずうずうしい態度でしょう。私たちは、その子の言うことを信じました。その子たちが仲良くしているのは両方の親たちも知っていましたし、お互いの家へ遊びに行っていることは私たちも知っていましたから。私たちは、その子へ三年生という立場について話し、次のことを約束しました。

一、後輩の一・二年生に対する影響を考えること。
二、五時四十分には暗くなるから、女の子を五時二十分のバスでは帰すこと。
三、責任ある行動をとること。

二人とも素直で、何に対しても頑張る子たちです。信用してよい子どもたちです。学校以外で二人が会う時には、親へ言って出かけているのだそうです。この事件の一月ほど前、バスに乗った一般の人から、男子中学生に席を譲られたという感謝の電話がありました。その男の子というのはこの子だったようです。

三日後の夜、女の子の母親から電話がありました。

「校長先生が八代市内の職場へ来られて話を聞きました。子どもに問い質《ただ》したところ、絶対にそんなことはしていないと言います。どうすればよいでしょうか」

家での子どもの様子や、相手の男の子も家まで遊びに来ていることなども話されました。無念の様子がうかがえる長い長い電話でした。

その後ＰＴＡ会長が、職員室の私のところへやって来られました。

「今夜のＰＴＡ役員会で、三年学年ＰＴＡ臨時総会のことが議題になります」

と話されました。私は、

「この件が学校長の憶測で公表され、子どもたちが濡れ衣を着せられることになれば、人権侵害で児童相談所や法務局に相談することになるでしょう」

と言いました。会長は「そがん脅かしなすな」と笑いながら言われたのですが、三年生の臨時学年ＰＴＡ総会を実施することになれば、学校長の憶測が事実として広がることは明白です。

その夕方、三年ＰＴＡ学年委員長にも電話でその旨を伝えておきました。結局、その夜の役員会で、三年ＰＴＡ臨時総会は行わないことが決まりました。

この事件の当事者であった女の子は、普通高校の理数科コースへ進学しました。実力テストの数学が学校で一番だった時は、ハガキで知らせてくれました。卒業後は宮崎大学工学部情報システム工学科へ進学しました。もし、学校長が言うままに学年ＰＴＡ臨時総会を開いていたら、多感な中学生のことですからどうなっていたかわかりません。

大学で同じ学部の人との結婚式が八代で行われました。私も呼ばれ祝辞を述べました。

Ⅲ　初任から二十二年間の教師生活

湯島へ

初任は湯島中学校でした。湯島は「談合島」とも呼ばれています。島原半島と天草の島々の中間、有明海の真っただ中にぽつんと浮かんだ島で、周囲四キロもありません。天草の乱の時、島原半島のキリスト教徒と天草の信者たちがこの島に集まって談合をしたところから「談合島」と呼ばれることになったのだそうです。

初任の年に中学二年生を担任し、二年目に小学六年生を担任しました。その二年間の生活で心に残っていることを紹介します。

ちょじょな

初任の年は、中学二年生で四十数名の生徒を担任しました。

昭和三十年代の日本はまだ貧しくて、わずかばかりの畑作と漁業で生活していた島の人たちは生活に追われていました。子どもの教育どころではありません。中学二年生になっても教科書をすらすら読めない子どももいました。そんな子どもたちを放課後残して、本を朗読する練習をさせました。ポケットマネーでパンを買い、一緒に食べたりしながらの練習でした。栄養状態のゆえか、まだ鼻水を垂らしている子もいました。その子が帰りがけに「ちょじょな」と言って帰りました。「ありがとう」の意味です。授業中あんなに下ばかり見ていた子が、遅くまで残って勉強し、感謝の言葉を言って帰ったのです。

それから三十年ほど経った時のことです。湯島中学校で担任した教え子の一人から、招待状が舞い込みました。

「熊本市の体育館でボクシングの試合をしますので見に来ませんか？」

との誘いの手紙です。ボクシングはテレビでは観たことがありましたが、目の前で観るのは初めてです。それに、三十年も会っていない教え子とも会いたかったものですから出かけることにしました。

集団就職で名古屋へ行き、ボクシングを始めたのでしょう。そして、ボクシングジムを開いたのでしょう。中学時代は全く目立たない子でした。木訥《ぼくとつ》な感じの子でした。

熊本市の体育館へ行ってびっくりしました。たくさんの観客が集まっています。テレビでボクシングの試合に出るだけではなく、テレビ番組へも出演している飯田覚という選手もいました。今度の興行での花形選手で、教え子が開いている「緑ジム」の秘蔵っ子だったようです。飯田選手は、その後世界バンタム級のタイトルを獲りました。招待状を送ってくれた教え子、松尾敏郎君は後に、日本ボクシング協会の副会長になったそうです。全く普通だった子が日本ボクシング協会の副会長になるとは、凄いことです。どんな子どもも、限りない可能性を秘めています。

二年前に初任の時の教え子たちが古稀を迎え、八名で湯の児《こ》温泉へ旅行しました。その旨の電話があり、途中でぜひ会いたいとのこと。湯の児からの帰りに会うことになりました。私は、庭になった八朔《はっさく》、クリスマスローズの鉢物、万両の実を土産としてみんなへ持たせました。

こんなこともありました。退職後十数年経った頃、洋蘭の鉢物が送られてきました。名前も知らない女の人からです。箱の中に封筒が入っていて、湯島中で二年生を担任していた時の一年生からの贈り物でした。私は当時、一年生へも国語を教え、日記も書かせていました。その女の人は悩みを日記に書いていて、私から慰められたことが心の中にあったのだそうです。後に保母さんになり、退職した折、感謝の気持ちから送ってくれたのだそうです。

新卒で無我夢中の教師生活、全く心になかった子からの贈り物でした。その後、八代市で同好の士と油絵の展覧会をしました。その会場へ夫妻で菊池市から見に来ていただきました。

小学校と中学校が同じ敷地内にあり、校長と教頭は兼任でした。一つの職員室に小・中学校の教師全員がいて、職員会議も一緒でした。二年目に中学校専任の教頭を置くことになりました。中学校は若い教師ばかりで教頭になれそうな人はいませんでした。

小学校担当で教務主任をしている先生がいました。その先生に中学校の教頭になってもらうことになりました。そうなると中学校の誰かが転出しなければなりません。学校長は、音楽担当で年配の女先生に転出を頼みました。しかし、その女先生は転出を拒みました。困った学校長は、職員会議を開き、みんなへ相談されました。いろいろ話し合ったのですが、解決の方法が見つかりません。

その頃、二年間勤めれば転出希望が出せました。そこで私は学校長へ申し出ました。

「中学校一年・小学校一年でも二年間と認めてもらえるかどうかを教育事務所へ問い合わせてください。もし認めてもらえれば、私が小学校へ移ってもいいですよ」と。

こうして二年目に小学校の担任をすることになったのです。

小学校では、五年生の女の子たちが担任の先生へ反抗的で困っておられ、私がその子どもたちを担任することになりました。三十一名の六年生を教えることになりました。全く普通の子どもたちで、楽しい一年間でした。図書室から、たわいない童話の本を持ってきては読んで聞かせたり、一緒に遊んだりしました。

八代市での油絵個展に、中二の時の教え子と小六の時の教え子が二人で熊本市から来てくれました。

楽しかった六年生担任

教師になってまだ二年目でしたのでもう無我夢中、いろいろなことをしました。

午後の家庭科の時間に島回りをし、フキやツワを採ってきて砂糖醤油で煮込み、買ってきたパンを食べながら茶話会をしたり、夏休みに島のはずれでキャンプをしたこともありました。昼から集まって男女全員で夕食を作って食べ、夜は、女の子は家へ帰して男の子ばかりでキャンプをしました。しかし、夜中に小便に行った男の子が暗闇の中で転んで手首を捻挫、翌朝、大矢野町の病院へ連れていきました。

修学旅行は熊本市と阿蘇でした。折良く、熊本城で博覧会が開催されていて貴重な体験ができました。活火山阿蘇の火口を恐る恐る眺めました。広々とした草千里でのびのびと遊びました。

その阿蘇にも劣らぬ天下の国立公園である雲仙岳を目の前に眺めて暮らしながら、そこへ行ったことのある子どもはほとんどいません。戦後の貧しさがまだ残っていた時代、家族で旅行へ出かけることなどなかったのです。

そこで、あの雲仙へ子どもたちをぜひ連れていきたいと思った私は、六年生の卒業前、三月の日曜日に雲仙旅行を計画しました。

湯島から島原半島の西有家《にしありえ》まで船賃が往復六十円。西有家から雲仙のゴルフ場までのバス代が往復九十円。わずか百五十円で雲仙旅行ができたのです。

ゴルフ場から雲仙仁田峠まで歩いたのですが、周りがわずか四キロもない小さな島で育った子どもたちは登りが苦手で、何回も休んでへばりながらやっと仁田峠へ着きました。

しかし、雪が積もった情景を見たことのない島の子どもたちは、三月だというのに山迫《さまさこ》（山あいの小さな谷間《たにあい》）に残っている雪を見て大変喜びました。

新任教師が勝手にこんな計画を立て連れていくのを学校長は何も言わず、自分も一緒について行ってくれました。穏やかで心の大きな校長でした。

マンゴー

宅急便です
マンゴーです
初めてのレッドです
みずみずしいイエローオレンジです
部屋中に広がる香りです
島の人は
温かです

たった一年間の想い出を
四十年も忘れません
教え子からの贈り物です

初物食うと七十五日長生きする
二歳になったばかりの孫は
きょとんと食べています
頬張っています
美味しそうです
マンゴーの由来も解りません
しかし
温かさは伝わります

電話の向こうから
聞き慣れぬ五十過ぎの声が聞こえます

湯島小学校の雲仙旅行（2019年現在69歳の教え子たち）

でも
心の中は十二歳です
百五十円で行った雲仙です
勝成君の捻挫です
湧き上がる喜びです
心の底からの充実です

ある日、突然マンゴーが送られてきました。教師になって二年目、小学六年生だった教え子からの贈り物です。その中の一人が生命保険会社に勤め、沖縄の那覇にいました。その子が十年ほど前に大分にいた時は、正月前に佐賀関《さがのせき》の関鯖《せきさば》が二尾送られてきました。四国の鰹《かつお》の内蔵塩辛をもらったこともあります。

わずか一年間担任しただけです。彼の心の中にどんなことが残っていてこんな贈り物をしてくれるのかはわかりません。しかし、すごくうれしいことです。思い出してくれるだけでも有り難いことです。

放し飼いのクラス

有明海に浮かんだ孤島「湯島」から、人吉第一中学校へ異動しました。人吉市は、熊本と鹿児島との県境にある市です。僻地二級の学校から、三十五学級もある大規模校へ勤めることになりました。

二年生担任で十一クラスありました。その中の十組担任となりました。とても元気の良い男の子たちがいて、賑やかなクラスでした。学級での話し合いになると何度も学級でのレクレーションが議題となり、放課後のゲームやクラス全員でのピクニックなどを計画するのです。日曜日にみんなで矢岳高原へも行きました。千七百メートルを超す市房山《いちふさやま》へも登りました。汽車の時刻表など自分たちで調べて計画するのです。授業中にも、帰りの学活の時にもみんな活発に発言します。

隣の十一組の担任は女先生でとても厳しく、いつもシーンと静まりかえっていました。十一組の生徒たちが言うには「隣のクラスは、放し飼いのクラス」だそうです。「掃除とは？」の中で紹介しました、カーテンを洗濯した男の子たちがいたクラスです。放し飼いしていてもよい子どもたちばかりでした。

蛇足ですが、私の二年十組と隣の十一組とは全く違う指導方針でした。十一組の女先生は整然としたクラスを目指し、十組のルソーかぶれの私は「自然児」の育成を目指し、放し飼い状態の学級経営でした。ところが、全く性格の違うその二人が結婚することになってしまいました。

世の中には、生育歴や育った環境の違いによっていろいろな考えの人がいます。いろいろな性格の人がいます。そう思うと誰に対しても腹を立てなくなりました。ソクラテスの心境で毎日を送れるようになりました。

来客

突然の電話は、免田中学で四十年近く前に教えた子からの電話でした。「今、八代駅にいる」と言う。「松橋行きのバスに乗って宮原バス停に着いたら電話しなさい」と言って電話を切りました。バス停から私の家までは、歩いて二分もかかりません。

天草の湯島から人吉一中へ行き、同じ年に転入した女性教師と結婚することになり、私は一年で転出することになりました。転出先は、熊本県南東部にある免田中学校でした。免田中では一年生の担任となりました。電話があったのは、その時の教え子からです。担任ではなかったのですが、一・二年生の時に国語を教えました。その子は今、東京にある大学の教授をしており、熊本市にある大学の夏休み集中ゼミの講師として呼ばれてきて、郷里の免田町へ帰る途中、私の家へ寄ったのだそうです。

私は、兼好法師の『徒然草』を教えた後、教科書にない段を二つ三つ付け加えて教えていました。そして、全二百四十数段を原文で読むように勧めていました。訪ねてきたのは、中二の時に私の家までやって来て『徒然草』を借りていった子でした。中学時代に『徒然草』を原文で読んでいたお陰でしょうか、高校では古文が得意だと聞いたことがあります。

その来客の専門は外交政治関係で、何冊も研究書を出していました。本を出すたびに私へも送ってくれていました。しかし、あまりにも専門的過ぎて私にはよくわかりませんでした。それでも、二、三冊は送られてきました。

三十六年間の教師生活で中学一年から三年まで持ち上がったのは、三回しかありません。免田中学のこの来客たちが最初でした。三年間受け持つと、かなり親密な関係になります。一学年で五クラスあったのですが、この学年の子どもたちはよく家まで遊びに来ますし、退職後趣味としてやっていた油絵の展示会を八代市で開いた時は、初日の朝、花束を持って三人で来てくれました。年賀状も、たくさん来ています。

　この教え子たちとの関係が大変上手くいっているのは、単に三年間受け持ったという理由だけではなさそうです。担任した教師たちがどの先生も、本気で子どもたちと対していました。

　小学校ではベテランだったけれど中学校は初めてだという三十代のY先生は数学担当、大変情熱的な先生でした。能率的な授業をするために毎時間プリントを用意しておられました。

　理科は、大学を卒業したばかりの女の先生。初めての担任であり、初めての授業でしたので一生懸命でした。つまずいた子どもたちのために放課後、補習をやっておられました。

　私は国語ですので、五分間テストの漢字の点が取れていない子など残して勉強させていました。

　三人で放課後の時間を奪い合っていました。そこで、三人で調整しながら教えました。その結果は一年生の終わりに、県単位で行われた学力テストにはっきり現れました。人吉球磨二十五校で国語、数学、理科は十位以内に入ったのです。ある教科は二位でした。

私は、三年生を担任した時、自分のクラスの子に国語と英語を教えました。英語では、受験前でしたので基本的なことをプリントし、徹底的に教えました。

それから二十年ほど後のこと、私は鏡中学校で女子ソフトボール部の監督をしていて、熊本県大会で免田町を訪れたことがありました。その試合の世話をしておられた旧知の先生からの話で、Y先生の死を知りました。その一月ほど前に亡くなられたと聞き、試合の合間に自宅へ行って仏壇を拝んできました。奥様一人でおられました。免田町に住んでいた頃、たびたび訪れてはお世話になった家庭でした。Y先生の死を悼んで詩を作り、奥様へ贈りました。

弔いの歌

ぼくの眼は　黄色いドングリ
ぼくの顔は　黄色いカボチャ
ぼくの身体は　大きな大きな芋虫
この眼を

この顔を
この身体を
どうして君たちに見せられようぞ

君たちの声は窓の外で
いつまでも　いつまでも囁いている
ひとつひとつの顔が
ぼくには見える
鮮明に見える

エネルギッシュな太陽は
昼も　夜も輝いた
その余熱が
ぼくの心を温かく包んでいる
全身の倦怠が快くベッドに沈み

天から哄笑が降り
喧噪が遠退いていく
黄色い空に浮かぶ妻の顔が
大きくなったり　小さくなったり
ふわりふわりと揺れている

いくつもの愛に照らされ
途切れ途切れになっていく足跡をたどりながら
ゆらりゆらりと浮遊する
黄色いドングリ
黄色いカボチャ
大きな大きな芋虫

酒好きだったY先生は、肝臓を患い、黄疸症状が出て見られる状態ではなかった。そんな姿を教え子たちには見せようとしなかったらしい。

教組の執行委員に

免田中学校で活版印刷の学校新聞を発行していましたら、日本教職員組合人吉球磨支部の情宣部長を頼まれ、組合活動を始めることになりました。日本がＩＬＯ条約を批准し、管理職の校長や教頭が教職員組合から離れ、本当の組合活動が始まった頃のことです。

折しも、人事院勧告の完全実施を求めて日本教職員組合初めてのストライキ「10・21のストライキ」をやることになりました。その頃私はまだ二十歳代だったのですが、情宣部長として人吉・球磨地区の学校を訪れ、職場への情宣活動をしなければならぬ立場になっていました。

公務員のストライキを禁止する代わりに人事委員会が企業の賃金を調べ、その差額を政府に勧告する制度になったのですが、四月に遡って支給するように勧告されても、一年も遅らせて支給していました。夏と冬のボーナスも加わりますので、十七ヶ月分ほどのカットですね。差額が五千円の場合は八万五千円ほどのカット。とうとう違法なストライキをすることになりました。

「10・21」の翌年、十月二十六日にもう一回ストライキをして、やっと四月に遡っての支給が実現しました。しかし、違法行為のストライキですから戒告処分を受け、その都度三ヶ月の昇級延伸を受けました。ストライキ前には支部執行委員会も連日行われ、夜の十一時、十二時頃まで話し合いをしていました。みんなが熱く燃えていました。

その後の学校でも、何回もストライキの指令が来ました。しかし、ストライキをするかどうかは自分の判断で決めました。その基準は、労働組合法の目的である「経済的地位の向上」と「勤務条件の改善」に合うかどうかでした。

渡中学校へ

免田中に四年間勤めた後、県南部の球磨村にある渡《わたり》中学校勤務となりました。球磨村には四つの中学校と八つの小学校がありました。その球磨村でも球磨村単位教職員組合の書記長をすることになりました。

渡中と渡小は同じ敷地内にあり、給食の調理も小中学校一緒になされていました。四人の調理員がおられたのですが、一人だけ正式な村職員で後の三人は臨時雇いでした。臨時なので有給休暇もボーナスもありません。同じ仕事をしながら待遇が全く違うのです。心の中は穏やかであるはずがありません。

それを知った私は、村議会へ請願書を提出することにしました。ＰＴＡ総会の後時間を頂いて事情を説明し、署名をお願いしました。その署名薄を持って校区内から選出された村会議員を訪れ、紹介議員になっていただきました。そして、その署名簿を村議会議長のところへ持っていきました。

村議会へかけられた後、私のところへ一通の封書が届きました。それによりますと、人吉市議会でも同じ案件が審議されており、その結果を見て球磨村も同じ処置を執るとありました。人吉市議会へは教育長が提出されたのだそうです。

その教育長は、私が湯島勤務の時に天草教育事務所の所長をしておられました。学校訪問で湯島へ来られ、話を聞いたことがあります。その人が言われた「日々精進すれば、禄自《おの》ずから生ずる」という言葉を今でも覚えています。デューイの言葉と相通ずるものがあるからでしょうか。

結局、この案件は人吉市議会で見送られ、球磨村議会でも見送られることになりました。しかし、翌年には双方とも議会の承認を得て、調理員は全員、正式な職員として認められました。

二年目の四月当初、担任を決める職員会議の時のことです。二年生を受け持っておられた私より一つ年上の男先生が、

「村内先生に三年生を受け持ってもらいたい」

と言い出したのです。事前に私への相談もなく、いきなり言い始めたのです。

「村内先生に三年生を受け持ってもらえないなら、自分も三年担任をしない」

とまで言うのです。その彼と一緒に一・二年と持ち上がった女先生もおられるというのに。私は女先生の意向を尋ねた後、

「もし、私に三年生を受け持たせるのなら理科を教えさせて欲しい」

と申し出ました。

理科室は職員室の隣にあり、理科の授業の様子はだいたいわかっていました。一年生から三年生まで理科専門の先生が教えておられたのですが、どの学年の授業でも実験の場面を見たことはありません。教科書にある実験の授業は全部口でしゃべるだけの顎実験だったのでしょう。そのためか、どの学年の成績も芳しくありません。理科の成績は、受け持

つ生徒の進学のためには一つの課題でした。

理科は大好きな教科でぜひ教えてみたい教科でもありました。高校生時代に化学、物理、生物を学習し、大学の一般教養で地学を勉強していました。地学は理学部の学生に加わっての授業でしたのでかなり深く学習していました。

それに、こんなに理不尽なことが言えたのは、私が組合の活動家であり、その先生は渡中でただ一人の組合に入っていない非組で、担任などもしないような先生だったからかもしれません。

結局、私のわがままが受け入れられて理科を教えることになりました。国語と理科を三年生二クラスに教えました。教科書にある実験はほとんどやりました。それに、基本的なことは徹底的に指導しました。

例えば、原子記号一覧表は化学式の計算では絶対に必要です。そこで、原子記号一覧表の二十八番までの原子は、その記憶の仕方まで教えて暗記させました。

その他、イオン化傾向も教えました。イオン化傾向を知っていると日常の生活にも役立ちます。金が錆びないのはなぜなのか。土葬していた頃、お墓で橙黄色の火が燃えていたのはナトリウムが常温でも燃えたからだ。以前の写真屋さんは、写真を撮る時フラッシュ照明のためにマグネシウムを燃やしていたなどと話すと物質の持つ不思議に気づき理科に興味を持ってきます。そんな指導を行っているうちに理科の成績も少しずつ上がってきました。

その頃、高校進学生と就職生は半々でした。急遽三年担任となり、一年間教えた生徒達でしたが、高校受験では、二クラスの進学希望者全員が公立高校へ合格しました。渡中始まって以来のことだ！などと喜ばれました。私立高校は八代市か熊本市にしかありませんでしたので、通うのも大変でしたから。

その次の年も、三年生を担任することになりました。一年生の時に担任した生徒たちです。三年生は私と新卒の男の先生が担任し、学年主任と三名で当たりました。

私が就職指導をすることになりました。半分の生徒が就職するのですから大変でしたが、その頃までは「金の卵」と言われ、選んで就職することができました。

成績は学年でトップでしたが、家庭の事情で進学できない男の子がいました。紡績関係の養成工を希望しましたので、養成工を募集している紡績会社へ電話を入れました。ところが、その子は小学生の時に牛の餌を切っていて左手人差し指の第二関節から先をなくしていました。「指がなかったら紡績工としては受け入れられない」とのことでしたので、他を探しました。

　大阪ガスの養成工があることがわかり、大阪ガスへ電話を入れました。「指のことはかまわないから受けさせてみてください」とのこと。本人もそこを受けることに同意しました。他の就職希望者へも大阪ガスを紹介しましたら、あと二名の者が受験を希望しました。その者たちへも大阪ガスのパンフレットを持たせ、親と相談してくるように伝えました。

　親と相談の時のことです。パンフレットには漢字で「大阪瓦斯」と書いてありました。ある母親は、

「瓦を作るところですか？」

と尋ねられました。薪で炊事をしていた頃のことです。まだプロパンガスも田舎では使われていませんでしたから、都市ガスのことなど理解できなかったのでしょう。

「九州電力が電線で電気を各家庭に送っているように、燃料のガスをパイプで配る会社です」

と説明しました。三名全員、大阪ガスの養成工へ合格しました。指を切断していた子へは、新入社員代表として挨拶するようにとの連絡がありました。

指をなくしていながら大阪ガスへ就職したその子は、帰省のたびに手みやげを持って私の実家を訪れていたようです。卒業後、私は全然会っていませんが、母がそんな話をしてくれました。私の実家は球磨川沿岸道路二一九号線沿いにあり、酒や米などなんでも商っている万屋《よろずや》です。八代市から沿岸道路沿いに故郷へ帰る途中に立ち寄ったのでしょう。

今、その子は奈良の若草山に住んでいます。

故郷の分校へ

渡中学校に三年間いて、郷里の八代へ帰りました。今度の異動先は、私の生まれ故郷の小学校でした。

中津道小学校市之俣分校へ夫婦一緒に赴任しました。私の実家から谷川沿いに五キロほど遡ったところにありました。その谷川は、私の少年時代の遊び場でした。ヤマメを釣ったり、川蟹を捕ったり、鰻を捕ったりしていた川でした。その上、私の実家は米や酒類、その他何でも商っている店でしたので、私も配達を手伝ったりしていましたから、部落の一軒一軒を知っていました。保護者の中には、中学時代の同級生もいました。一年生から六年生までの全校児童は二十四名でした。教職員は四名いて、私は、三・四年生を担任しました。

　校区には二つの地区があり、学校が置かれている地区の子どもたちは、昼食を家に帰って食べていました。私たち夫婦は、校地内にある職員住宅で食べました。昼食の時間となり、住宅で食事の準備をしていますと、昼食を食べに帰った数名の子どもたちが学校へ戻ってきます。十数分で帰ってくるのです。何を食べてきたのだろうと大変気になりました。漬け物などでご飯を掻き込んできたのかもしれません。

　分校の子どもたちは本校へやって来ると固まって行動するのです。西側に校舎が建ち、運動場を隔てた東側に水道がありました。水道は湧き水を溜めた蛇口から出ていました。三つ、四つあったでしょうか。誰かが運動場を走って水道の方へ行くと、その固まりもみんな水道へ行く。誰かが校舎の端っこにある便所へ行くと、その固まりも便所の方へ行く。そんな子どもの頃の印象が強く心に残っていました。

　私が小学生の頃、市之俣分校から来る子どもたちは総じて小柄でした。店へやって来る大人の人たちも小柄で、男の人でも百五十センチほどの人たちが多かったのです。昔は車も自転車もなかったので、店へ買い物に来られる時は一時間以上もかけて歩いて来られました。買い物を済ますと、帰る前にお茶を飲んだり、お酒を一杯やったりしておられました。お茶請けとして出した大根の漬け物を、一人で丼一杯食べてしまわれるのを見て驚いたことを覚えています。

分校には私たち夫婦の他に分校主任と独身の男性教諭がいました。分校主任は八代市から通っておられ、地区の事情をよく知りません。そこで私が、

「分校でも学校給食をやってもらうようにしましょう」

と、提案しました。地元の私が保護者に呼びかけ、保護者と一緒に中津道校区から選出されている村会議員の家を訪れました。その議員は私より六つ先輩で、よく知っている人でした。快く話を聞いていただき、村議会に諮られたのでしょう。二学期から市之俣分校でも学校給食が始まりました。本校からタクシーで運んでもらいました。

坂本村にはもう一つ分校があります。そこの分校主任は高校での同級生でした。何も言わなかったのに給食が始まったと不審がっていました。誰かが働きかけねば何も変わりません。

その他に分校の子どもたちに足りないのは、文化的な刺激です。心の栄養です。教科書での指導の他に何か文化的な刺激の場を作らねばいけません。その一つとして、分校だけ

での文化祭をしました。自分たちで劇の台本を創作し、自分たちで工夫しながら練習し、発表会をしました。たくさん集まった保護者の前で演じました。

また放課後に私が珠算を教え、家内が習字を教えました。珠算の検定試験は、八代市の高校まで連れていって受けさせました。ほとんどの子が、五級から四級までは合格しました。三級に合格した子もいました。珠算をすると数の計算に強くなります。補数関係が自然に身につきますし、頭の中ですぐ暗算できるようになります。習字では、日本習字に出して検定を受け、段までもらっていました。

私は大学二年の途中まで体操部に入っていましたのでマット運動は得意でした。それを生かして、本校と合同の運動会では「分校のマット運動」と称して、五・六年生の男の子たちにマット運動をさせました。片足振り上げ腕立て前方転回の連続や、バック転の連続までさせましたら、本校の子どもたちも保護者もびっくりしていました。坂本中学校へは八つの小学校と二つの分校から集まっていましたが、坂本中学校の体育授業の時、マット運動では市之俣分校の子どもたちに模範演技をさせられたそうです。とにかく、分校の子どもたちに自信を与えるためにいろいろ行いました。

三・四年生、五名の複式学級を担任していました時、国語の授業で山登りしたことがあ

ります。季節は秋、山にはアケビが実っていました。子どもたちには、

「今から作文の取材に出かける。途中で誰がどんなことを言ったのかをノートにメモしてください。そのメモをもとに作文をします」

と言って出かけました。

私が木に登ってアケビを採っているのを見て、

「『先生、あぶなかけん注意しなっせよ』とアッコちゃんが言いました」

などと作文に書いている子もいました。そんな作文を熊本県の僻地作文募集に応募しましたら入選し、作文集に載りました。

算数の授業は、個人指導でした。五人で机をくっつけて座りながら、進度は一人ひとり違う。一人ひとりが教科書の問題を自分の能力に応じて進める。僻地用に編纂された教科書を十一月には終わり、本校で使っている算数の教科書までやってしまった子もいました。

第二の故郷「氷川中学校」へ

市之俣分校に六年間いて、第二の故郷である宮原町へやって来ました。氷川中学校では、いきなり三年生担任となりました。

その頃の氷川中は木造校舎でした。二年目に入る時、鉄筋校舎に建て替えることになりました。新しい校舎の設計図ができて、先生たちへも紹介され、設計についての意見を聞かれました。たまたま私は図書の係をしていましたので、図書室について意見を求められました。設計図では、図書室と視聴覚室が区切られて別の部屋になっていました。図書室は教室一つ分の広さしかありません。それではあまりにも狭すぎて、ゆったりと本を読む雰囲気にはなれません。そこで、視聴覚室との壁を取り払い、教室二つ分を図書室にしてもらうようにお願いしました。視聴覚室にはＬＬの配線を床に施してもらいました。

広くなった図書室は、学年集会やＰＴＡの話し合いなどによく使われます。広い部屋と言えば体育館しかありませんので、とても重宝な部屋になっています。

三年目から二年間、同和教育の推進教員をしました。推進教員は特別枠で授業を受け持たなくてもいいのです。しかし、週八時間の国語を受け持たせていただきました。

八代市郡の小学校、中学校、高校に十名の同和教育推進教員がいて、週に一回、推進教員全員が集まって話し合いをしました。この他、八代市郡小・中学校ブロック別同和教育研究集会や郡市全体の研究会では、アドバイザーとして参加しなければなりません。熊本県同和教育研究集会や全国の研究集会にも参加しなければなりません。そんな研究会に参加するなかで、一人ひとりの人権を大切にすることの意味や方法を学んでいきました。

氷川中へ行って教えた三年生に秋山幸二君もいました。後にソフトバンクの監督になった男です。そのクラスにも国語を教えました。秋山選手を育てた監督の先生が転出され、私が野球部の監督を受け継ぐことになりました。氷川中へ行って三年目、同和教育推進教員を兼ねながらの監督でした。四年間指導しました

秋山選手がプロ野球へ行くと決まった後、氷川中学校野球部と一緒に練習したこともありました。そして、野球部員へ話をしてもらいました。

秋山選手がプロ野球へ入団するときは地区の公民館でささやかな壮行会がありました。その時は、中学生の時に監督だった先生と私、高校の監督の先生が招待されました。大学からの勧誘があることを秋山選手から聞いていましたので、

「もしプロ野球で駄目なときは、将来いろいろな進み方があるよ」

そんなことを私が秋山選手と話していましたら、そばにいたおじいちゃんに、

「行く前に、そんなことを言う者がいるか！」

と、叱られました。私の心の中には、もし駄目であっても安心してふるさとへ帰ってていいよという気持ちがあったのですが。


氷川中学校に六年間勤務しました。その内二年間は特別枠の同和教育推進教員でしたので担任はしていません。四年間担任した内の三年間が三年生担任でしたので、どの生徒を何年度に卒業させたのかを覚えていないことがあります。一年間だけの担任は、あまりよくありません。一年生から三年生まで三年間受け持つことが理想です。自分の理想とする教育を実践できます。

氷川中で同和教育の推進教員をしていました時、「氷川中だより」を毎週発行していました。その中に「氷川中の同和教育」という欄を設けていました。四十八回ほど書いている中から一つ紹介します。

◆

心の喜び

三月末に先生達の人事異動があります。三月下旬半ばを過ぎる頃には本人への内示があって異動がわかるのですが、異動が決まった時の教師の気持ちは複雑です。この学校で、精一杯やっただろうか？　そんな自責の念と一緒に転出先の学校への期待と不安。そんな気持ちが入り交じって、少なからず心静かではありません。

ところが、その異動の内示後、私は感動的な場面に接したことがあります。

春休み中のことです。他校への転出が決まったある先生が、生徒も教師もいない中で、せっせと校内の片付けをしておられるのです。植木の手入れをしたり、倉庫の不要物を燃やしたり、一日中働いておられるのです。常日頃から、黙々とそんな仕事をしておられた先生なので、生徒達は何も思わなかったかもしれません。しかし、私は異動がわかっていながら今までと同じように学校のことをやっておられるS先生の姿に熱くなるものを感じました。最後の土壇場になっても平常心を失わぬ行動に全く敬服しました。

子ども達の中にも、いろいろいます。先生が見ておられようが見ておられまいが、黙々と掃除をしたり、自習をしたりする子。箒を持ってうろうろしながら掃除の時間を送っている子。

叱られなければ何もしない子は、生きる姿勢としては最低でしょう。しかし、自分が草を取ったところを通る時のすがすがしさ、最初に登校して教室の窓を開け放った後の空気のうまさ、小さなことでも何かよい事をした時の心のほのめきを知った子は幸せです。

氷川中でも、そんな喜びを知った子が、ひとりでも多くなることを願っています。

◆

このS先生は、氷川中の平教員として勤めておられたのを人事異動の際、職場で推薦して氷川中の教頭になっていただいた先生でした。

第二部　教科指導の仕方

中学校の教科には、九教科あります。そのうち、私が授業したことのある教科は六教科ですが、どの教科にも言えることですが、いかに子どもを活動させるか、子ども自身に解決させるかが大切だと思います。それに、その教科の勉強の仕方まで具体的に教えることも大切です。これから私の実践を紹介します。

Ⅰ　国語の指導

イメージする力の育成

「米洗う前□蛍の二つ三つ」

この句の□の中に「に」「へ」「を」の助詞を入れて、その情景がどう変わるか？　助詞授業の前には必ず問うていました。しかし、蛍の動きの違いをどうしても理解できない者がいます。きょとんとした表情です。その情景が頭の中に浮かばないのでしょう。俳句に限らず、詩や物語の情景や心情を心の中に描くのが苦手な子がいます。

私は添い寝をしながら自分の子どもたちへ昔話を語り聞かせました。桃太郎の話、猿蟹合戦の話、かちかち山の話など、毎晩毎晩同じような話を聞かせていました。子どもは、まだ話しているうちに眠ってしまいます。しかし、頭の中ではお話が続いているかもしれません。頭の中は空想でいっぱいでしょう。

私が最初に読んだ本は『鉢かつぎ姫』でした。小学校三年の時、図書館でその本と出合ったのです。それから本好きになりました。中学生から高校生までは読書に夢中でした。その中で私を大きく変えた本がいくつかあります。物事をグローバルな視点で見ることを教えられたのは、ロマン・ロランの『ジャン・クリストフ』。人間の心の中まで教えてくれたのはゲーテの『ファウスト』。この二冊の本は、青春時代に出合った最高の書でした。

姉が村の中学校の教師をしており、日本文学全集と世界文学全集が毎月一冊ずつ配本されてきました。真っ先に私が読みました。お陰で日本文学も世界文学もほとんど読んでしまいました。

大学時代には林健太郎の『世界の歩み』や『歴史の流れ』に世界の文化や経済生活の発展の筋道を教えられ、三木清の『哲学ノート』で一つひとつの言葉を深く考えるようになりました。

こんなに本好きになったのは、添い寝をしながら昔話をしてくれた父のお陰でした。自分の子どもたちへの昔話は、父の話の受け売りでした。しかし、父のお陰でイメージ力が養われ、本好きになったのだと思います。

本の中の情景が浮かんでこないのは、幼い時にこのイメージ力を身につけてこなかったからでしょう。お話や絵本の読み聞かせをされて育ってこなかったからでしょう。文字は読めてもイメージ力がなければ、物語の情景や心情はわからないのです。

私は、中学生を想像の世界へ誘《いざな》うよう試みました。たわいない鈴木三重吉の世界へ誘いました。ひろすけ童話や小川未明の『赤い蝋燭《ろうそく》と人魚』、芥川龍之介の『杜子春』の世界へ誘いました。

詩の指導

私が八代郡国語研究会の理事をしていました時、全国中学校国語研究会が熊本で行われることになりました。その時の熊本県国語研究会会長は、熊本市の中学校校長で詩の同人誌「知性と感性」に入っておられ、私もその同人誌の会員でした。そんなわけで、熊本市で行われる詩の合評会では、意見を交換し、旧知の仲になっていました。その先生の薦めもあり、八代郡も「作詩指導」について発表することになりました。そして、私が発表することになりました。

研究主題を「子どもの生活をたがやす作詩指導」とし、サブタイトルは「詩を子どもの身近なものとし、詩を作ることによってものの本質（真実）をとらえる喜びを味わわせ自然や人間への驚きと感動のある生活を築かせる」でした。

私は、詩を書かせるねらいを次の四つにしました。

1、教わるだけでなく、自分で発見する喜びを味わわせる。
2、子どもの生活に感動を持ち込み、生き生きとしたものの見方、生き生きとした生活ができるようにする。
3、子どもたちの身の回りにある一つひとつのものに問いかけ、話しかけることによって、あらゆるものに対する心の優しさを培う。
4、自然を見つめ、自分を見つめる内省的生活態度を育てる。

〈詩の指導過程〉

一、詩への接近

1、好きな詩・覚えている詩を発表させ、題を板書する。（小学校で習った詩の題名を調

べておく）

2、生徒が発表した詩の中でいちばん好きな詩に挙手させる。または、心に残ったわけを書かせる。

二、作詩過程

1、大関松三郎の詩『虫けら』を使って、詩が生まれる心を知らせる。

※詩が生まれる心

（1）身の回りにある一つひとつのものに問いかけ、話しかける心。

（2）なぜ？　どうして？　と、不思議がる心。

（3）目の前にある情景や物をじっと見つめ、その裏に隠されたものまで考える心。

2、題材を求めて校庭へ出かけ、詩を作る。外へ出かける前に、次のようなことを呼びかける。

（1）中学校の校庭で何か新しいもの、今まで気づかなかったものを探そう。

（2）何か心を動かされるものがあったら、それをじっと見つめ、それに問いかけ語りかけ、その裏に隠されたもの〈こと〉まで考えてみよう。そして、見ているうちに心に浮かんできたことを書き留めよう。詩の形でもよいし、メモでもよい。

（3）詩は、ひとりでじっくりと自然と向き合い、語りかけることによって生まれるものだから、一人ずつばらばらに行動すること。

3、生徒の作品をプリントし、みんなで読み合う。

（1）全員黙読させる。

（2）それぞれの作者自身に朗読させ、感動の中心や詩をつくりながら思ったこと、自分の作品への感想などを発表させる。

（3）全員に次の観点で感想を発表させる。

・自分が今まで気づかなかったこと、考えてもみなかったことに気づいたり、考えたりしている詩はどれか。

・本当にしっかり見つめている詩はどれか。あまり見つめていない詩はどれか。

（観念的な詩は、その作者自身に感想を求め、誤りに気づかせたい）

4、学校帰りや家庭で、次のような題材を探し詩を作らせる。
(1) 何か心を動かされるものがあったら、それをじっと見つめ考え、初めて気づいたこと、驚いたこと。
(2) みんなが知らないようなこと、自分だから気づいたんだというようなこと。

[中学生の作品]

桜並木

校舎の横の桜並木
入学してきた私たちを
ピンクの花びらがむかえてくれた
今はすっかり花びらは散り
葉ばかりに
きっとあの花びらは

入学してきた私の中の
不安だったのかもしれない

糸みみず

小さなどぶに
小さな小さな赤い糸みみずがいる
よく見れば赤茶色だ
どぶの土には
小さな穴がたくさんある
こんなに小さなすみかで
満足なのかな

凧

風におされて木の葉がさわぐ
花もさわぐ
バレーボールも
あの人のスカートも
プールの水も
女の子の髪も
すべてのものが　少しずつ
風に吹かれて　形をかえる
だけど、私がかわるには
もう少し時間がかかる

辞書

ぶ厚い
まずそう思った

一つの言葉の意味が
百よりも多く
いくつも書かれている
でも、辞書には
想像の世界がない

ごきぶり

黒い顔して
暗いところで
なにをやっているんだろう
光が走ると逃げていく
真っ暗な人生を歩いているのかな

うらおもて

人には
うらおもてがあるのさ
友情にも
うらおもてあるのさ
心にも
うらおもてあるのさ
全部のうらおもては
善と悪にもなるのさ

芽

この芽は最初は種だった
私たちも最初は赤ちゃんだった
この芽のように

最初から大人の人っているわけないよね

時

ほら　わかるかい
今、時が流れていったんだよ
その証拠に
今鳥が鳴いたんだよ
ほら　車が走る
ほら　空が動く
ほら　人が笑う
ほら　赤ちゃんが生まれた
ねっ　証拠なら
いっぱいあるよ

三、題材を決めて書かせる詩の指導過程

1、題材として考えられるもの

（1）家族（父・母・祖父母・兄弟）の生きる姿

（2）仕事（手伝った経験など）

（3）行事（体育会・文化祭・クラスマッチなど）

2、指導過程

（1）意欲喚起……参考作品を与え、詩を書くことによって成長した作者の姿に触れさせる。

（2）取材活動……父母の協力を得るための便りを持たせ、できるだけ具体的な事実を取材メモにメモさせる。

（3）構想指導……書き出しと結びを大切にさせる。

（4）記述指導……思いや観念的な言葉ではなく、事実を書かせる。

（5）推敲指導……生徒と指導者で共同推敲をする。

（6）鑑賞指導……全員詩集を発行する。

3、詩を書かせるねらい

（1）人間にとって重要な空想力を挽回させ、人間的な感情、感性を芽生えさせる。

（2）一人ひとりの子どもの心を捉え、生徒と教師との心の触れ合いを深める。

（3）一つひとつの言葉の意味を深く考えさせ、言葉に対する感覚を磨く。

（4）祖父母や父母の生き方を見つめさせ、人間とは？　生きるとは？　優しさとは？　家族とは？　などを考えさせる。

4、取材活動での留意点

（1）父母の協力を得るため、趣旨説明の便りを持たせる。

（2）過去の苦労や想い出をできるだけ具体的に語ってもらう。

（3）聞いたことは全部メモさせる。

5、構想を立てる上での留意点

（1）感動の中心をはっきりさせる。

（2）詩全体が一つの想となるようにするため、書き出しと結びを呼応させる。

6、記述・推敲での留意点

（1）説明的・抽象的な表現を避け、具体的な事実・情景として描かせる。

（2）その場にぴったりと合う言葉を探させる。

7、鑑賞指導上の留意点

（1）身近な人の感動的な生き方を書いた詩や、作者の豊かな心が伺われるような詩を紹介する。

（2）鑑賞指導の後、作詩の学習をして思ったことを書かせる。

〔題を決めて書かせた作品〕

原爆目撃

ドッカーン！
「なんだ、なんだ？」
「なんの音だったんだ？」
そのころ、今の八代の大島付近で
よくダイナマイトの音がしたものだった
と、祖母は言う
後で空を見上げた
ダイナマイトみたいな音は
爆弾では……
きのこ雲が空一面に
おこったみたいに

真っ赤になって見えた
祖母と学校の生徒はその雲の美しさに
見とれていた
からいもの草取りも忘れて……

終戦
あの美しいきのこ雲は
おそろしいＢ29戦闘機が落として造った
原爆だった

あれから四十三年
あのおそろしさはどこへ？
今聞こえるのは
時計の静かな音だけ

ぼくとおばあちゃん

「としよりばあちゃんが亡くなったよ」

それは、ぼくが朝起きて初めて聞いた言葉。

「うそ」

すぐとなりのふすまを開けた。

としよりばあちゃんが横になって眠っていた。

「としよりばあちゃん、ばあちゃん」

と、耳もとでささやいた。

しかし、ばあちゃんは目を覚まさない。

「ばあちゃん……」

と思った瞬間、としよりばあちゃんは動いた。そして何かものを言いたそうにしていた。

「おばあちゃん死んどらっさんたい」

と母に言った。しかし、母は、

「死なした」と言ってかまってくれなかった。

「ばあちゃん、ご飯よ」

と言って部屋に入った。

としよりばあちゃんは足が悪く、寝たきりだった。

「ばあちゃん、ここにご飯おくよ」

と言って部屋を出た。

ぼくは、家族の中でもとくにおばあちゃんに気に入られていたし、
ぼくも、自分にできることはしてあげていた。

ぼくが部屋を出て席に着くと
「ひでのりのおるけんたすかるー」

と父や母に言われた。

「としよりばあちゃんが、食べたかな」

と思い部屋に入った。

「うれしかねー。こやんせわしてくれるもののおるけん」

と、としよりばあちゃんは言っていた。

その顔は、ぼくもはじめて見る顔だった。
やさしく、幸せそうな。

「ああー、としよりばあちゃんたしかに動いたんだけどなあ」
おばあちゃんが亡くなってから
そのことが一番気がかりだった。
母は
「これからひでのりに、がんばってくれ」
とその一言が言いたかったんじゃと言う。
ぼくも
その言葉を信じた。
としよりばあちゃんは、今黒い石の中で眠っていて
ちゃんと心では見守ってくれているのだなー、きっと。

漢字練習のさせ方

練習して身につく学力として漢字があります。授業の初めに漢字の五分間テストを行い漢字力をつけるようにしていました。その練習をいかに効率的にさせるか？　それが問題です。そのためには練習の仕方を教えねばなりません。

毎時間教科書学習の後、三、四ページの中から出題する時、次のように練習の仕方を教えていました。

(1)教科書の中の難しそうな漢字を○で囲む。
(2)その読み仮名を半紙に書き出す。
(3)その半紙を見て漢字を書いてみる。
(4)教科書の○印の漢字を見て採点する。
(5)間違った漢字を練習する。
(6)もう一度、半紙を見て漢字を書いてみる。

このように練習の仕方まで具体的に指示すると、どんな子でも満点を取れるようになります。それこそ「継続は力なり」です。国語力がアップします。

構造図をもとに授業

研究授業の前には必ず指導案を書きます。授業で使うのは展開案です。一時間の授業展開を表にし、それをもとに授業します。

しかし、その展開案よりも効果的だったのが構造図です。物語や説明文の構造をつかめば、それがそのまま板書になります。立体的な板書になります。国語の授業時間には、構造図を持っていって授業しました。毎時間の授業を充実させる基となりました。

その構造図は、私が教科書研究委員の時、それまで八代市郡十七の中学校で何十年も使ってきたM社の教科書からS社の教科書へ変更した後、S社の教科書編集委員の方から教わったものです。その方に八代郡教科等研究会へ横浜の附属中学校から来て授業をしていただきました。一時間の授業を構造図に描き、中心テーマを決めて立体的に授業されました。

構造図のお陰で授業の流れがはっきりし、自信を持って授業ができるようになりました。

古典の学習

古典に親しませるには、現在の文章を読むような感覚で取り組ませるよう工夫します。いきなり平安時代の『枕草子』や『源氏物語』を学習するのは、古典嫌いを助長するばかりです。江戸時代の近松門左衛門や井原西鶴だと古典性が薄らぎますが、鎌倉時代の作品は内容も現代的で面白く、文体には古典性が残っています。ですから、入門期の教材としていちばん良いのは鎌倉時代の作品です。『徒然草』や『奥の細道』です。

例えば、『徒然草』は二年生の一学期に学習します。教科書には二つの段ぐらいしか出ていませんが、付け加えて二、三段を学習させます。「堀池の僧正」、「仁和寺にある法師」、「神無月のころ」、「高名の木登り」などです。そして、好きな段を暗記させます。教師自身、四、五段は覚えておきます。『奥の細道』では、書き出しの「つれづれなるままに〜面八句をいおりのはしらにかけおく」までを暗記するくらい読ませます。

夏休みの宿題として、『徒然草』二四三段を原文で読んでくるように言っていました。本当に読んできた子は少なかったでしょうが、読んだら古典が得意になるのは必定です。

免田中での教え子で、夏休み前に私の家まで来て『徒然草』を借りていった子がいました。早稲田大学へ行き、今は東京にある大学の教授をしています。第一部の「来客」で紹介した、家まで訪ねて来た生徒です。

鏡中学校でも、夏休みの宿題として『徒然草』の類似した二つの段を比べて感想文を書いてきた子がいました。夏休みの宿題として感想文も出していましたので一挙両得のつもりで書いたのでしょう。その子は、東京大学へ進学しました。現在、孫が五人います。中学二年になったら、それぞれの孫に『徒然草』をプレゼントしています。

英語や古文など語学の勉強では、習うより慣れろをいかにさせるか？　その方法を考え出すのが肝要です。暗記するくらい読ませます。

取材の大切さ

小学校の山の分校にいた時は、作文の題材を求めて山へアケビ採りに連れていきました。中学校では、詩歌の題材を求めて生徒達を運動場へ出したり、公園へ連れていったりしました。

鏡中学校に勤めていた時、鏡町にある文化財や施設を調べさせたことがありました。「私たちの郷土」と題して、班毎に調べ、作文をさせたことがありました。

作文には、取材、構想、記述、推敲の四つの過程があります。その中でいちばん大切なのは取材です。題材がなければ、何も書けません。題材探しをさせねばなりません。取材をどうさせるかによって作品の内容が決まります。

いろんな所へ足を運び、自分の目で見て、耳で聴き、資料を調べることで作文の題材がいっぱい見えてきます。そして、新しく知った時の驚きや喜びを書かせるのです。

「私たちの郷土」では、それぞれの班が鏡町の文化財や官公庁、工場などを選び、班で調べることを話し合い、訪問先へ連絡した後訪れるようにしていました。

各班で調べたことには、次のようなものでした。

鏡町の歴史、消防署、印にゃく神社、鏡農協、町役場衛生課の仕事、大東肥料、生目神社、十八夜のお祭りなどでした。その中で生目神社へ行った子の作文を紹介します。

東さんが語ってくれた生目神社　　　一年三組　○○○○（匿名）

七月十日の国語で、班の人から調べる場所についていろいろな候補がでました。加藤神社、六角堂、印にゃく神社など。結局、珍しくて他の班が行きそうにないということで生目神社を調べることになりました。

七月十三日、自転車に乗り塩浜へ行きました。まず、記念碑や外から見た神社を写真におさめました。記念碑には、鎮在地、御祭神、祭日、御由来が刻まれていました。何人かの人が参拝に来ていて、その中のおじさんが、神社の拝殿と一緒に写真に写っていました。

しばらくして、祭主の東さん宅に行きました。表札を見ると、「東国人」とありました。おばさんが出てきて、私たちの質問に答えて下さいました。まず猿渡君が、

「神社は、いつできたんですか」

と質問すると、アルバムを出してきて、

「えーとね、明治四十四年の十月十五日」

「だれが建てたのですか」

「東巳之吉という人でね、こういう字を書くとよ」

と、親切に教えてくれました。

「何のために建てたのですか」

という質問には、くわしいことはわからないので、おばさんは、おじさんを呼んでこられました。

「あがりなさい」

と言われたので、あがらせて頂きました。創立者の東巳之吉さんの写真があったので写させてもらいました。

「さて、どういう質問かな」

と言われ、まず生目神社ができるまでのことを語ってもらいました。その内容は次のようなことです。

東巳之吉さんは目をわずらわれ、宮崎にある生目神社まで半月ほど野宿しながら祈願に行かれたそうです。巳之吉さんの目は治りましたが、目をわずらわれている人はたくさんいて、一般の人が宮崎まで行くのはたいへん難しいことだったそうです。そこで、巳之吉さんは、みんなのためにと生目神社を現在の塩浜につくる決意をされたそうです。しかし、肥後（熊本）には神様は来ないと言われるので、三日三晩、巳之吉さんは食事もせず祈り続け、やっと神様が来るとおっしゃったので、村中で迎えたそうです。

でも、明治時代のそのころは、神社を建てる許可がなかなかおりなかったそうです。やっと役所から許可が出て、生目神社を建てたそうです。

また、質問をしました。

「だれを祀ってあるんですか」

「応神天皇と藤原（平）景清という人です」

私は、どこかで聞いたような気がしました。おじさんは藤原景清について、こう語ってくれました。

平景清ともいって、源平の戦いで平家一門が負け、この目で源氏を見ているのはわずらわしいと、自ら自分の目をくりぬき、源氏に向かって投げたそうです。この話を聞いて私は、前に祖父から藤原景清のことを教えてもらったことを思いだしました。

私たちは、質問を続けました。

「仏像は、ありますか」

「応神天皇と藤原景清を意味する御神体があります」

「おじさんの名前は、何というんですか」

「東国人と言います」

一応の質問を終わって、おばさんへのお礼を言って拝殿へ行きました。拝殿には千羽鶴がかざられ、左の方に台が置いてありました。その下には、生目神社への参拝者の名前が、ずらっと書かれている帳面がありました。おじさんが、生目神社には熊本各地、福岡、鹿児島などからも参拝者があると言っていました。

おじさんは、ふと外の鳥居を見て言われました。

「鳥居は、どういう意味があるか知っていますか」

私たちは、とまどってしまいました。おじさんは、こう説明してくれました。

「鳥居は、天という字を表し、その天は宇宙、宇宙は神様にあたるのだよ」

そう言ってしばらくすると、また、おじさんは質問しました。

「太鼓をなぜたたくか知っていますか」

私たちは、また返事をすることができませんでした。

「太鼓をたたくのはねえ、お参りする前に、心身の悪魔をとり除くという意味があるんだよ」

と、おじさんはゆっくりと語ってくれました。

しばらく私はその辺をながめて、突然おじさんに質問しました。

「面積は、どのくらいですか」

　これは、私の独断で質問しました。

「えーと、ここはね……」

　おじさんも少し困っておられましたが、

「拝殿が約六坪、神殿も六坪かな」

と、言われました。あと別に質問することもなく、おじさんと記念撮影をしました。

　あとになり記念碑の写真を見て気づいたのですが、生目神社の祭日は、三月十五日が祈年祭、十月三日感謝際、毎月一、十五日が月並祭と記してありました。祭日のくわしいことも聞いてくれればよかったと後悔しました。これが唯一の失敗ということになりました。

　生目神社の鳥居をくぐった後、うちの目の悪い曽祖父にも生目神社へ来ることを勧めてみようかな、と思いました。

　自転車で帰る途中、生目神社の旗がひるがえっているのを見て、こんなことを思い出しました。おじさんは、

「目は、人間の心のかがみで非常に大事である」

「人間、人のためにつくせば、自分も幸せに暮らせる」

という言葉を何回もくり返し強調しておられたことを。

私は、生目神社を調べにいき、おじさんの言葉、特にこの二つが、心に深く刻まれました。私たちに有益なことを与えてもらったと感じました。こう感じたのは、私だけだったのでしょうか？

Ⅱ　英語の指導

私は国語専門でしたが、指導者不足の場合は他の教科も指導します。教師をしていて六教科教えました。いちばん多かったのは英語で十年間。特に最後の坂本中学校では六年間教えました。坂本中学校での実践を述べます。

古典と同様、英語も習うより慣れろの格言が当てはまります。徹底的に読ませました。読みを重視しました。一時間の授業を終えたら、必ず次のような宿題を出しました。

（1）学校で習ったところを家で十回以上読む。
（2）日本語訳を半紙に書いて、それを見ながら英語で言ってみる。言えないのは読み方不足。もっと読む。
（3）日本語訳の半紙を見て、ノートに英語で書く。
（4）綴りの間違った単語を書く練習をする。
（5）次の時間に半紙を配り、二つの文を日本語で口述し英語で書かせる。

このように家庭学習したかどうかを次の時間に確かめる（5）のテストをします。ここまですると、教科書の学習はばっちりです。

教科書だけでなくヒアリングを鍛えるためには、市販のカセットテープを使って聴かせました。ヒアリング教材はカセットテープと四十枚のシートがありますが、二社のものを使いましたので、シート八十枚を聴かせました。英語では耳を鍛えるのも大切です。

その他に基本的なことは、徹底的に指導しました。徹底的にということは、全員が理解し、覚えるまで昼や放課後の時間を使って補習するということです。不規則動詞の活用や週・月の表現などはプリントを与え完全に書けるまで学習させました。

どの教科でも、わかりだすと面白くなる。面白いから学習時間も増える。子どもはどんなことが基本なのかを知りません。教師が見つけて指導しなければいけません。

Ⅲ　環境問題の学習

一九八三年、鏡中学校へ勤務した頃から地球環境破壊の現象が現れ始め、社会問題としてクローズアップしてきました。さっそく環境問題の学習を始めました。環境問題としては、次のようなものがあります。

○地球の温暖化
○オゾン層の破壊
○人口増加
○海水の汚染
○熱帯林の減少
○砂漠化現象
○酸性雨
○産業廃棄物の増加

○野生生物の種の減少

これらの中から鏡中学校時代に学習した環境問題をいくつか紹介します。

地球の温暖化

地球の温暖化は、二酸化炭素などの温室効果ガスが増えるために起こります。二酸化炭素の増加は工場や車で燃やす化石燃料が主な原因です。化石燃料としては石炭や石油があります。

産業革命以前には、大気中の二酸化炭素の濃度は二八〇ｐｐｍだったのが、一九八六年には三四五ｐｐｍに増えたのだそうです。

地球の温度が上がると海面が上がります。温度が三度上がると海面が六十五センチメートルも上がるそうです。そんな問題を防ぐためには二酸化炭素の排出を少なくするしか方法はありません。二酸化炭素の排出を少なくするには、どうすればよいのか？　その方法を考えさせました。

オゾン層の破壊

海の中で生命が生まれ、海中植物が育つと酸素が作られ始めます。海の中で作られた酸素が上空へ上りオゾン層となって地球を被い、地上にも生物が棲《す》めるようになります。ところが、最近になってそのオゾン層を壊してしまうものが使われ始めました。フロンガスやメチルクロロホルムなどのガスです。

フロンから出た一箇の塩素分子がオゾン分子一万箇を壊してしまうのだそうです。オゾン層が壊れ、南極や北極上空にはオゾン層の薄いオゾンホールができています。地上の命を守るオゾン層がなくならないようにするためには、フロンガスを使わないようにしなければなりません。フロンガスに代わる冷媒体を使わねばなりません。オゾン層の破壊がいかに危険なことかを教えました。

これらの授業では、進化論の学習も兼ねて教えました。

鏡中学校で環境問題の学習を始め、つぎの坂本中学校でも環境問題の学習を続けました。

坂本中学校の全生徒を体育館に集めて環境問題についての講話をしたこともあります。未来を背負う子どもたちには、ぜひ知ってもらわねばならぬことです。宇宙船地球号を何としても守らねばなりません。

おわりに

三十六年間の教師生活の恩恵でしょうか。退職した後まで楽しいことに出合います。教え子たちが六十歳を迎えると還暦同窓会をします。湯島中の教え子たちは、阿蘇の内牧で行いました。一泊泊まりです。私も招かれ、仲間だった先生二名とも会うことができました。湯島小は熊本市内でやりました。もちろん泊まりがけですので、二次会まで一緒に行きました。免田中は、人吉温泉で出し物なども交えて盛大に行い、その時の様子を写真集・文集にして送ってくれました。渡中は、地元の温泉旅館でした。

なお、免田中の教え子たちは毎年正月休みに同窓会をしています。私は三年に一回ぐらいの割合で参加します。昨年が中学卒業後五十周年ということで、「五十周年記念同窓会旅行」と銘打って阿蘇の内牧に泊まり、熊本城や久住の大吊り橋まで見学しました。五十人近い参加者だったのですが、教師は私一人。今年は、天草で行います。もちろん参加の通知を出しました。

坂本中学校退任式

生まれ故郷の坂本中学校を最後に私は教職を去りました。最後の生徒を三年間持ち上がって卒業させ、一緒に去ることができたのは幸せでした。

この坂本中では、私の理想としたデューイ理論を曲がりなりにも実践できました。その結果、何でもみんなで協力してやり遂げていくクラスとなりました。優しい心で相手のことまで考え、精一杯頑張る子どもたちに成長しました。

その生徒たちが卒業前に「三年間の生活」について書いたことを紹介し、私の教師生活の締めくくりにしたいと思います。書いてもらったのは、次の四項目でした。

（1）自分が変わったところ
（2）掃除への取り組み
（3）村内先生の教育
（4）その他（言いたいこと）

項目ごとにいくつか紹介します。

（1）自分が変わったところ

A君
・人の気持ちを考えて行動するようになった。
・おもいやりがある人になった。
・勉強をするようになった。

B君
・何でも考えて行動するようになった。
・前は先生が来てから掃除をしていたけど、今はいなくてもできるようになった。

・前はあんまり勉強時間が多くなかったけど、今は入試前ということもあるけど効率の良い勉強ができるようになった。

C君

・中学校一年生の時より精神力や忍耐力、専門的な知識が身についたと思う。

D君

・一年生の時は、人前などに出るとあがってしまうような自分だったけど、二年の時に生徒会長にも当選して人前に出てなにかをしてもあがらなくなった。そして、三年になると性格がまるくなったと思います。それは、人に対する思いやりや人の言うことをしっかり聞けるようになったからだと思います。

E君

・少しだけど他の人の立場で物事を考えることができるようになった。

・がまん強くなれた。

・物事にけじめがつけられるようになった。

Fさん

・あいさつが誰にでもできるようになった。

・小学生の時より勉強するようになった。
・精神的に強くなった気がする。
・ほんの少しだけど判断力がついた気がする。
Gさん
・小学生の頃は姉にもよく「言うことがきつい」と言われていた。なんでも自分の思ったことを人の気持ちも考えずにすぐ口に出していたからだと思う。だから誰かが私の言ったことに傷つけられるまで気がつかなかった。中学生になってからは「きつい」と言われることもなくなったし、人の気持ちも考えられるようになったと思う。
Hさん
・中学校へ入学したばかりのころは自分でしようということは少なかったけど、三年間やってきて自分のことだから自分でしようという気持ちが多くなったと思う。
・一、二年の時はしゃべることがあまりなかったけど三年生になってよくしゃべるようになったと思う。
Iさん
・友だちとのつきあい方

・勉強への姿勢
・掃除への取り組み
・生活態度

（２）掃除への取り組み（「掃除とは？」で紹介した以外のものを書きます）

Ａさん
・一、二年の頃は、はっきり言ってしていませんでした。三年生になってからきちんと雑巾がけできるようになりました。自分でも驚くくらい真面目にするようになりました。

Ｂさん
・前は先生が見ているから仕方なく掃除をがんばるという感じだったけど、今は自分たちが使っているところを掃除するのは当然のことだなあという気持ちでできている。

Ｃさん
・たまにぞうきんでふかなかったり、友だちとしゃべっていた時があった。でも、だいたいがんばってやった。

Ｄさん

・一、二年の時は簡単に掃除をすませていたけど三年になってよくぞうきんがけをするようになった。雨が降っている日には床がしめっているのでうわぐつの足かたがついている時、かわいたぞうきんでふいていた。

E君

・最初の内はぞうきんよりほうきの方が楽でいいと思っていました。でも今はほとんどぞうきんがけをしています。ぞうきんがけをするとほうきとちがって自分のふいたところがきれいになるのが見た目にわかります。それが楽しくてきついけどがんばれます。

F君

・時々友だちと話をしたり遊んだりしたけど掃除はちゃんと取り組めたと思う。その中でも一番がんばったのは事務室の掃除。中学校を卒業しても掃除は自分をもっと強くするための一つとしてやっていきたいと思う。

G君

・僕は勉強とかより掃除が一番大切だと思っている。掃除してきれいになったら心がすがすがしい気持ちになるからです。僕は自分の物は整理整頓できませんが掃除をするということがくせになっています。僕は、ほうきではくよりぞうきんでふくほうをします。

そっちの方が掃除をしているという実感があるからです。だから掃除をがんばっています。

H君
・とりあえず始まったらぞうきんを洗って、みんなでふく。そして、すみずみまできれいにして集まったゴミをとる。

（3）村内先生の教育

A君
・先生はなにごとにも全力で教えてくれて、あまり怒らないので教育者として合格だと思う。教育もいいと思う。

Bさん
・村内先生の教育のやり方はとてもいいと思った。人に物事をさせるという感じじゃなくて、人のする事を見守っているという感じがした。生徒がいいほうに向かうも悪い方に向かうも生徒しだいだと思った。

C君

・自分で良いことと悪いことの判断が区別できるようにしてくれたと思います。
・一人ひとりをみとめてくれたと思います。
Dさん
・先生はあまり私たちを強くしかったことがないと思います。いつでも優しい感じがしました。私は生徒を信じてやらせてくれた先生がとても大好きでした。それと、他の先生は私たちをしばりつけているって感じだったけど村内先生だけはちがいました。
E君
・先生は「スマートな中学生になりなさい」と言われました。僕はあまり意味がわかりませんでした。でも、先生のクラスになって勉強以外にもいろいろなことを学びました。先生は物事を強制的にやらせたりしませんでした。そのおかげで僕は自主的に行うことの大切さ、その他にもいろんな事を学びました。
F君
・すごく身にしみたというか、頭からどなりつけるのでなくて、そのことについて自分で反省したり考えたりする時間があったので真剣に物事を考えることができたと思います。
私は掃除をあまりしていなかったけど、掃除をすることの本当の意味がわかって掃除をするようになったので、今でも掃除をきちんとつづけていられるのだと思います。

Gさん

・僕たちは村内先生から英語と国語を教わります。村内先生の授業は一つ一つの事をじっくり時間をかけてくわしくやってくださるのでとてもわかりやすい授業でした。僕がたまにねている時はおこして注意してくださったのでとても助かり、反省もできました。

・授業の他でも、とても大切なことをおそわりました。道徳の時間の先生の話や朝学活や帰りの学活の時などに話されたお話など。僕は村内先生からいろいろなことをおそわりました。この三年間村内先生の教育が一番ためになり楽しいです。卒業まであとわずかですが、僕は村内先生を一番たよりにしています。よろしくおねがいします。

Hさん

・生徒のことを信じ、一人ひとりに気遣ってくれるとてもやさしい教育のしかただと思う。

・授業でもくわしく、じっくりわかりやすい。

・生徒の事をよく分かって教育していると思う。

I君

・はっきり言っておもしろいです。例えば、国語の時間よく話される進化論は、「おお、すごいな、先生はくわしいな」と思いました。先生が生物の「まね」をされるところがまた、おもしろかったです。

（4）その他（言いたいこと）

Aさん

・三年間の学校生活の中で三年生の時が一番楽しかった。私がイヤだったことがあると言った時も、すごく真剣に話を聞いてくれてうれしかったです。先生が言った言葉「いじめなどする人はかわいそう」今でも頭にやきついてはなれません。綾ちゃんと三年間一緒のクラスになれてうれしかったです。あんな友だちは一生できないとおもいます。高校へ行っても忘れないでほしいです。先生も忘れないで下さい。私ずっと一生忘れません。一年間ありがとうございました。

※このAさんの進路希望は農業高校でした。友達の綾ちゃんも同じ農業高校志望にしていました。しかし、三者面談の時に私が「同じ農業関係だったら、八代高専の生物科も面白いと思うよ」と言い、母親も同意して八代高専へ進学しました。二人の友情を引き裂いたのですが、結果的には良かったようです。綾ちゃんは高専の友人と結婚しました。

B君

・僕の担任になった先生の中で村内先生は最も信頼できる先生でした。

Cさん

・一番言いたいことは、やっぱり三年一組でよかったということです。

・坂本中に通えてよかった。

・たくさんつらいこともあったけど、その分うれしいことがたくさんあった。

・村内先生に出会えてよかった。

D君

・体育大会、文化祭、ありがとうございました。その他にも、高校入試の準備やこの一年間おつかれさまでした。僕も学校の先生につけるようがんばります。

Eさん

・私は、このクラスになれて本当によかったと思う。当たり前のことだけど、かなしいことより楽しいことの方がある。本当にこのクラスは楽しかったと思う。

この最後の三年間は、私の教育の集大成でした。いじめられ無気力だった子が生き生きとした生活になり、自分を取り戻し、大変頑張る子になりました。学力をぐんぐん伸ばしました。クラスのみんなが自分のことだけでなく、相手のことまで考える優しい心になってくれました。クラス全員が一致団結して音楽会や体育大会、文化祭に取り組み、優秀な結果を残しました。一人ひとりが、自主的・意欲的に取り組んで自分の力を存分に発揮しました。

＊＊＊

「掃除への取り組み」でG君が「僕は勉強とかより掃除が一番大切だと思っている」と言っています。これはオーバーに聞こえますが、本心なのです。彼が掃除を通して学んだことなのです。私は掃除については学年初めに話しただけです。しかし、今まで聞いたこともない、思ったこともない話なのでびっくりしたのでしょう。心に響いたのでしょう。子どもが心を動かされたから実行に移せたのでしょう。「悪いことをしてはいけないよ」などと当たり前のこと、観念的なことをいくら話しても馬耳東風、耳には聞こえていても、聞いてはいません。

ある子が「進化論」のことを言っています。地球の誕生から、酸素やオゾン層の作られ方、生命の誕生などを話すと、目を丸くして聞いていています。その生命が、周りの条件に応じて進化した様子を話すと、自分を進化させるよう頑張ります。何事にもチャレンジします。嫌なことへも取り組んできます。そんな暮らしをするようになります。

動物にしろ植物にしろ、自分が置かれた環境に応じて進化してきました。子ども自身が「人は頑張れば進化できる」ということを意識し、自分を進化させるよう頑張らせねばなりません。岩崎恭子さんの水掻きが、私にそのヒントを与えてくれました。

しかし、進化にもタイム・リミットがあるようです。細胞が増殖し、身長が伸びるのは二十歳頃までと言われます。進化の可能性があるのも二十歳頃が限度かと思われます。

坂本中学校での六年間ばかりでなく鏡中学校八年間と合わせた十四年間は、私の教師生活の宝です。あんなに荒れていた鏡中学校が二、三年の間に素晴らしい学校になりました。授業中に歩き回り、どうにもできなかった坂本中の生徒たちが、落ち着いた生活ができるようになりました。

やはり、ヒトは教育によって人となるのです。一人ひとりの子どもを大切にし、その時その時を大事に過ごせるような手立てをすれば、子どもは自《おの》ずから育つものです。教師の務めは、その手立てを考えることなのです。

「人生の目的は、その過程にある」というデューイの言葉を常に胸に、その時その時を大切にし、その日その日を充実させるよう心がけてきました。教師としても、充実した教育の在り方を求め、子どもの人権を大切に過ごしました。その結果が、子どもたちを変え、学校を変えることになったのでしょう。

キリストや孔子、デューイなど哲人の教えには、奥深いものがあります。大学時代に出会ったジョン・デューイが、私の人生の指針であり支えでした。

あとがき

「人間万事塞翁が馬」という故事があります。私の人生は、正に塞翁が馬の人生でした。船乗りになり世界を飛び回りたくて静岡の商船大学を受験し失敗。熊本大学ではマット運動で怪我をして国語を教えることになりました。一年間の休学で本をたくさん読みました。

教師としても、鏡中では権威主義の先生がおられたから生徒指導について深く考えました。坂本中でも人権を考えない人がおられたから、それに逆らいました。

本書は、勤務した九つの学校で三十六年間の教師生活をし、その場その場で課題に出合い正面から取り組んでいった一人の教師の物語です。それぞれの学校にはそれぞれ独自の課題がありました。勤務していた時は課題だと意識したことはありません。この子どもたちを良くするにはどうすればよいか。それだけを考え、子どもたちのために取り組んだことばかりです。

孔子の「六十にして耳順《したが》う」という言葉から、どんなことを言われても、ネガティブなことを言われても、うんうんとうなずきながら聞けるようになりました。腹を立てなくなりました。この言葉は、キリストの博愛精神にも匹敵する言葉です。孔子の最高の教えだと思います。

父のお陰で読書好きになったことも見逃せません。本からいろいろなことを学びました。世の中を広く深く見ることができるようになりました。特に「人生の目的は、その過程にある」というデューイの言葉は、私の人生を決定づけることになりました。教師時代は勿論のこと、退職した後も毎日を大切に過ごしています。

最後に退職後のことを紹介し、「あとがき」のまとめといたします。

退職後の生活

(役職関係)

・区長……戸数が百三十戸ほどの西上宮区の区長を六年間務めました。地区の公民館を新築しました。

・地区老人会長……七十四歳から八十歳まで七年間務めました。

・氷川町老人クラブ連合会事務局長……毎月の老連会議のレジュメや老連活動のお世話が大変でした。
・氷川町文化協会副会長……頼まれて四年間ほど務めました。氷川町の文化協会理事会の会議には、今も参加しています。
・球磨川漁協資格審査委員……漁協組合員八名、行政代表一名、公益代表一名の十名がいます。公益代表だけは球磨川沿岸に住んでいない者でもできるので、頼まれて公益代表になり八年間務めました。
　誰が推薦したのか知りませんが、漁協から三名、宮原の自宅まで来られて頼まれました。小さい頃から球磨川で遊び、鮎捕りをし、鰻捕りをし、父の舟で木炭を運び、ほとんどの瀬の名前まで知っています。大人になって人吉市に勤め、上球磨に勤め、下球磨に勤めて球磨川を知り尽くしていた私には適任でした。

（趣味）
・八代植物の会……熊本県内の山には、ほとんど行きました。植物の名前も少し覚えました。

・八代山の会……七十七歳の時、北海道の大雪山と利尻岳へ登りました。四泊五日の旅でした。
・退職教職員油絵の会……退職してすぐから二十年間ばかり、週一回、天草や阿蘇、県内各地へ出かけて描きました。三十点ほど知人へ差し上げ、勤務した学校へも贈呈しました。
・竹峰会民謡の会……熊本市民会館での三十周年記念公演、三十五周年記念公演に参加しました。北海道から鹿児島までの民謡を四十数曲覚え、自分の冊子を作っています。近所の老人施設へ毎週土曜日に出かけています。八代市日奈久のいきいきサロンへも出かけています。
・八代俳句の会……「火神の会」という名称で、有佐駅前の公民館で行われる俳句会に参加していました。今は退会しています。
・鏡短歌会……これには今も参加中です。月に一回十四、五人で楽しくやっています。

その他に、個人的に登山はたくさんしました。富士山へも登りましたし、北アルプスの白馬や槍ヶ岳へも登りました。九州のほとんどの山へ登りました。

外国旅行へも行きました。カナダ、スペインとポルトガル、イタリア、ドイツのロマンチック街道の旅へも行きました。韓国や中国へも行きましたし、甥の結婚式でハワイへも行きました。

現在は、二日に一回の割合で散歩しています。桜ヶ丘から早尾のサービスエリアまでよく行っています。九十分ほどの散歩です。背骨を圧迫骨折していますので、ゆっくり歩いています。

氷川町広報誌に町民文芸欄があります。それにも短歌と俳句、時たま詩を出しています。詩は、在職中に詩社「知性と感性」の同人になっていましたので、その時作った詩が四十数編あります。

まったく普通の教師でした。しかし、出会った教師仲間の人たち、教え子の皆さん、その保護者の皆様のお陰で楽しい三十六年間を送ることができました。本当にありがとうございました。

著者プロフィール
村内 一誠（むらうち いっせい）
昭和11年（1936） 熊本県八代郡坂本村生まれ
昭和36年（1961） 熊本大学教育学部卒業
熊本県天草郡大矢野町立湯島中学校勤務
平成９年（1997） 熊本県八代郡坂本村立坂本中学校退職

甦る学校 イデアと理論と実践と

2019年６月15日 初版第１刷発行

著 者 村内 一誠
発行者 瓜谷 綱延
発行所 株式会社文芸社
〒160-0022 東京都新宿区新宿１－10－１
電話 03-5369-3060（代表）
03-5369-2299（販売）

印刷所 株式会社フクイン

ISBN978-4-286-20617-2